AF269388

LAS AUTÉNTICAS PROFECÍAS TOLTECAS

SERGIO MAGAÑA

LAS AUTÉNTICAS PROFECÍAS TOLTECAS

*Cómo el calendario azteca predijo
los eventos modernos y revela un camino
hacia una nueva era de la humanidad*

KEPLER

Argentina – Chile – Colombia – España
Estados Unidos – México – Perú – Uruguay

Título original: *The Real Toltec Prophecies*
Editor original: Originally published in 2020 by Hay House, Inc. USA
Traducción: Nieves Calvino Gutierrez

1.ª edición Septiembre 2021

ISBN: 978-84-16344-64-2
E-ISBN: 978-84-18480-57-7
Depósito legal: B-11.048-2021

Fotocomposición: Ediciones Urano, S.A.U.

Impreso por: Rodesa, S.A. – Polígono Industrial San Miguel
Parcelas E7-E8 – 31132 Villatuerta (Navarra)

Impreso en España – *Printed in Spain*

*Este libro es un homenaje al sueño cíclico y preciso
del universo, el sueño de la Tierra, que continúa
evolucionando de manera silenciosa y hermosa.
A las personas que supieron leer lo que estaba escrito
en las estrellas, a los que arriesgaron la vida
para mantener vivo el mensaje, a los que tuvieron
el valor de revelarlo y a todos los que están viviendo
estos tiempos.*

CONTENIDO

LISTA DE EJERCICIOS

PRÓLOGO

En 2011 publiqué un libro en italiano que salió en inglés y en castellano al año siguiente: *2012-2021: El amanecer del Sexto Sol*. En este libro se revela por fin la tradición de la sabiduría tolteca y azteca del centro de México en relación con el tiempo y la transición actual de un ciclo a otro. El libro fue recibido con escepticismo e incluso incredulidad porque daba fechas y ciclos que en muchos aspectos diferían del tan conocido calendario maya. A día de hoy se les está ignorando, a pesar de que el tiempo ha demostrado que el calendario maya se ha malinterpretado, sobre todo en lo que respecta a 2012.

A finales de 2012, muchas personas se sintieron un tanto decepcionadas porque el 21 de diciembre no había tenido lugar ninguna catástrofe global ni tampoco el renacimiento espiritual de la humanidad. Pero en las enseñanzas que recibí de los custodios de la tradición azteca y tolteca, la transición de un ciclo temporal a otro no iba ligada a una fecha concreta, sino que se trataba más bien de un proceso orgánico. La naturaleza misma ilustra este proceso cada día: al amanecer impera la oscuridad y después la luz comienza a abrirse paso poco a poco, hasta que la noche se convierte en día. De acuerdo con la sabiduría tolteca y azteca, un ciclo temporal da paso a otro exactamente de la misma manera.

Estos ciclos se conocen como «Soles». Cada uno dura, o «reina», durante 6.625 años, compartiendo 29 años con el Sol anterior y con el siguiente Sol durante cada transición. Los Soles tienen características individuales, pero pueden clasificarse en dos grupos que se alternan lo mismo que el día y la noche: el día o la luz, y la noche o la oscuridad.

Si hablamos desde una perspectiva metafórica, esto hace referencia al hecho de que durante el día, cuando estamos despiertos, nuestros ojos físicos están abiertos y miramos al exterior, hacia la luz. Mirar al exterior es una de las características principales del Quinto Sol, el Sol diurno que está a punto de terminar. Durante el mismo, hemos dirigido la mirada al exterior para encontrar a Dios, la curación y la satisfacción. Ha existido una necesidad de conquistar territorios, de que nos vean triunfar. Se ha buscado felicidad mediante la adquisición de cosas externas o de logros en el mundo exterior. Por esta razón, este tipo de Sol es propicio para las religiones organizadas, la guerra, la búsqueda de la felicidad por medio de los demás, de nuestro entorno, de los viajes, de la exploración, etc., tal y como ha confirmado la historia en los últimos miles de años.

Por otra parte, cuando cerramos los ojos solo podemos mirar hacia el interior, a la oscuridad, a nuestro inconsciente, que en la tradición tolteca se conoce como «nuestros inframundos», los lugares donde nuestros sueños crean nuestra experiencia en el mundo de la vigilia. Ahí vemos las fuerzas que somos incapaces de ver a la luz del día, pero que gobiernan todo cuanto existe. Por lo tanto, los Soles oscuros o de la noche, como el Sexto Sol en el que estamos a punto de entrar, son Soles más espirituales, donde la satisfacción nace de conocer nuestro ser interior, así como de crear nuestra propia realidad desde dentro.

Un eclipse marca siempre el comienzo de la transición de un Sol a otro. El inicio de este cambio lo marcó el eclipse total de Sol que tuvo lugar el 11 de julio de 1991 en Ciudad de México.

Según la cuenta azteca y tolteca, durante los primeros veinte años y medio de esta transición seríamos testigos de acontecimientos externos que llevarían a la creación de una realidad distinta, y es innegable que los avances tecnológicos que hemos experimentado durante estos años han llevado al desarrollo de una «realidad virtual» inimaginable por entonces. Además, la gente ha utilizado la nueva tecnología para buscar respuestas espirituales mucho más allá de las que ofrecen las religiones patriarcales establecidas y el conocimiento y las prácticas espirituales se han extendido por todo el mundo. La velocidad con que esto ha ocurrido y el rápido avance en la comunicación y en nuestras vidas en general son también rasgos claros del mundo onírico, en el que una vez estamos lúcidos, es decir, somos conscientes de que estamos soñando, podemos manifestar cualquier cosa de forma inmediata. Por lo que puede decirse que ya hemos empezado a prepararnos para el Sol de noche, aunque el Sol de día todavía influya en nosotros. Según la cuenta tolteca, el 21 de diciembre de 2012 era el punto en el que los Soles ejercerían su influencia por igual en la mente colectiva.

Según las profecías, los últimos nueve años de transición traerían entonces un auténtico cambio interior, pues todo lo que había estado oculto saldría a la luz. Podemos ver que esto empieza a suceder ahora, con las revelaciones sobre política, religión y pedofilia. Es más, la humanidad se enfrentaría entonces a sus inframundos, a su inconsciente colectivo y a todos los problemas pendientes ahí almacenados, sobre todo en los años 2020 y 2021, que serían los más complicados debido a las influencias que explicaré en este libro.

He de confesar que la primera vez que escribí sobre esto, lo hice con absoluta confianza en mis maestros, pero sin entender de verdad cómo tendrían lugar estos cambios. Ahora me doy cuenta de que mi fe estaba justificada. Las culturas tolteca y azteca han mantenido a través de su tradición oral la correcta interpretación de los ciclos temporales. Los acontecimientos de los últimos años, y sobre todo la crisis a la que nos enfrentamos hoy, son prueba de ello.

Una de las enseñanzas que me inculcaron fue que los Soles de día suelen ser patriarcales: las fuerzas masculinas tienen el control y a menudo someten a las fuerzas femeninas, de modo que las energías carecen de equilibrio. Una de las formas en que esto se manifiesta es por medio del desequilibrio en una de las fuerzas femeninas más importantes, la Madre Tierra, en forma de virus y bacterias.

Pero el punto más importante que expuse entonces y que voy a reiterar aquí es que durante este período de transición no deberíamos dejarnos engañar por las apariencias ni caer en la trampa del miedo y el sufrimiento colectivo. No estamos indefensos. La forma en que realicemos nuestro trabajo interior determinará cómo superaremos esta transición.

Por lo tanto, además de describir las matemáticas cósmicas, me gustaría presentar las técnicas internas que nos reconectan con dos importantes energías de la Tierra: *tlazolteotl*, que se lleva todo lo que ha dejado de ser útil, y *tlazohteotl*, que trae nuevas habilidades y cualidades. Esto llevará también a comprender las posturas de las estatuas egipcias, por ejemplo las de la diosa Sejmet, y también las estatuas mexicanas, pues todas estas enseñanzas se esconden allí a plena vista. Además, estudiaremos cómo dejar que la Tierra se lleve todo lo que ya no nos es de utilidad y nos proporcione la energía necesaria para crear una nueva vida, incluyendo un nuevo sistema inmunológico mejorado.

En los últimos años he compartido enseñanzas sobre el despertar espiritual, los sueños lúcidos y la muerte iluminada, pero hoy entiendo que los mismos conocimientos ancestrales pueden utilizarse para ayudarnos a mantenernos sanos y a pasar a una nueva forma de ser, a un nuevo círculo. Por eso el último portavoz azteca, o *tlahotoani*, el joven Cuauhtémoc, dio una última orden el día antes de entregar el poder de los mexicanos a los españoles: «Esconded nuestro tesoro. Pasadlo de madres a hijas, de padres a hijos, de maestros a alumnos. Mantenedlo a salvo porque será necesario con la llegada del Sexto Sol». Con «tesoro» no se refería al oro, como en su momento se pensó, sino al conocimiento.

Los ancianos de México eran conocedores de la existencia de minúsculas partículas de materia, desde los átomos hasta los virus, pasando por las bacterias, y las llamaban *mihtons*. Según la tradición, existen cuatro tipos de Fuego diferentes y nuestro sistema inmunológico trabaja con uno de ellos, el Fuego Joven, para combatir los virus y las bacterias. Se trata de un tipo de Fuego Masculino. Sin embargo, también necesitamos otro tipo, el Fuego Femenino, que se encarga de hacer frente a lo que se avecina. En este libro explicaré cómo emplear estos Fuegos para crear un sistema inmunológico fuerte.

También hablaré de cómo activar el Fuego del conocimiento, el Fuego Antiguo, conocido como *huehueteotl* en nuestra tradición, para iluminar los tiempos oscuros que estamos viviendo. Este tipo de Fuego nos permite tener sueños lúcidos y beneficiarnos de ellos, pues en nuestros sueños creamos nuestras experiencias conscientes. Por ejemplo, las pandemias suelen estar relacionadas con sueños violentos. En la mente colectiva de la humanidad, estos sueños fueron decisivos para crear la pandemia del coronavirus, así como muchos de nuestros problemas medioambientales.

Como individuos debemos todos desempeñar nuestro papel en la transición al Sexto Sol. En este libro te enseñaré a reducir la violencia en tus sueños, además de brindarte otras formas de avanzar y otras enseñanzas del centro de México. Revelaré las profecías toltecas que el tiempo ha demostrado que son verdad, que son reales.

INTRODUCCIÓN

En julio de 2005, una persona fascinante asistió a un curso que yo impartía en Ciudad de México sobre la energía de las Pléyades. Recuerdo que no dejaba de interrumpirme mientras daba clase, aportando información relativa a por qué las Pléyades eran tan importantes para los antiguos mexicanos. Al final, otro estudiante se molestó tanto por sus constantes interrupciones que exclamó: «¡No he pagado para escuchar a este hombre, sino a usted, así que voy a pedirle que se calle!».

En el descanso para comer, el hombre se me acercó y me disculpé por la impaciencia del otro alumno, pero añadí que me había interrumpido muchas veces.

Él me respondió: «Mire, no he venido a aprender de usted, sino a enseñarle cosas sobre mi estirpe, a darle el conocimiento que mi maestro, Esteban, me dio a mí. He venido a enseñarle sobre los tiempos que vivimos y los que se avecinan».

Durante el transcurso de mi viaje al mundo espiritual he conocido a muchas personas que se han jactado de tener grandes revelaciones sobre los tiempos venideros, incluyendo el Segundo Advenimiento de Cristo y el regreso de Quetzalcóatl, así que no le presté demasiada atención y le dije que podíamos hablar de ello en otro momento.

Sin embargo, al mes siguiente regresó para asistir a otro curso. Le reconocí de inmediato porque, una vez más, no paró de interrumpirme y enfadó a los demás estudiantes. Tuve que pedirles repetidas veces que tuvieran paciencia con él solo para mantener la paz.

De nuevo, durante el descanso de la comida, me abordó y me dijo: «No he venido aquí para aprender de usted, sino para enseñarle». Esta vez añadió: «Porque va a ser el custodio del mensaje de mi estirpe».

No cabía duda de que era insistente y para entonces ya sentía cierta intriga. Así que le dije: «De acuerdo. Comamos juntos mañana. Entonces podrá informarme del mensaje de su estirpe».

Al día siguiente, durante la comida, me habló de los cuatro movimientos, *nahui ollin*, la base de las matemáticas de las antiguas culturas náhuatl de México, que incluye la teotihuacana, la tolteca y la azteca. Los cuatro movimientos se basan en el hecho de que cada ciclo natural se compone de cuatro pasos o movimientos principales. Por ejemplo, un día se compone de los cuatro momentos principales del amanecer, el mediodía, el crepúsculo y la medianoche. Luego están las cuatro fases lunares —nueva, creciente, llena y menguante— y, por supuesto, los dos solsticios y los dos equinoccios que forman el ciclo anual mientras la Tierra gira alrededor del Sol.

Era una forma interesante de ver los ciclos, pero las enseñanzas que más me impactaron fueron las de la Cuenta larga del centro de México, la cuenta tolteca y la azteca, que difería en nueve años de la conocida Cuenta larga maya y que hablaba del fin de ciclo que promovía la catástrofe humana, así como una nueva humanidad.

Me quedé atónito ante estas predicciones porque no se parecían en nada a todo lo que había escuchado con anterioridad. Tuve que admitir que él tenía razón; había venido a enseñarme. De hecho, Hugo García, al que ahora conozco como Hugo Nahui, fue mi primer maestro genuino en la antigua tradición mexicana. La mayor parte de este libro se basa en su primera lección de aquel mediodía de agosto de 2005.

«Después del eclipse de julio de 2010 —dijo—, la verdadera sabiduría tolteca saldrá al mundo y tú serás uno de sus primeros portavoces. Tu trabajo comenzará en Italia, luego irás a Reino Unido y después al resto del mundo.»

Esta profecía se cumplió, ya que escribí mi primer libro en 2010 y se publicó en 2011 por una editorial italiana, pero por desgracia tuvo poca repercusión, ya que todo el mundo esperaba el fin del mundo o el nacimiento de una nueva humanidad el 21 de diciembre de 2012. Como sabemos, ninguna de estas profecías se hizo realidad, pero la de Hugo sí, ya que mis libros más recientes los ha publicado Hay House UK. Así que era verdad —en Italia y en Reino Unido—, y desde entonces he sido testigo de que todo lo que Hugo me enseñó, tanto en esa primera clase como en las siguientes, se está cumpliendo tal y como lo predijeron los toltecas, incluyendo que del año 2012 al 2021 la humanidad pasaría por sus inframundos, lo que significaba hacer frente a sus problemas no resueltos.

Escribo estas líneas en 2020, un año que ha sido prácticamente catastrófico para la humanidad. Creo que es la primera vez en toda mi vida que digo: «Siento haber tenido razón, siento tener la cuenta correcta». Estoy viviendo bajo las mismas restricciones que todos los demás en estos tiempos «sin precedentes». La humanidad ha llegado a una encrucijada: el amanecer del Sexto Sol. Por lo tanto, te contaré las profecías toltecas para este Sol, tanto para los años que van del 2021 al 2026 como para los miles de años posteriores. También te daré un mensaje de esperanza, un mensaje que se ha transmitido de forma oral durante cientos de años, sobre cómo superar con dignidad este crítico pero maravilloso período.

LA CUENTA LARGA

Las primeras enseñanzas de Hugo Nahui fueron sobre el calendario azteca. Se llamaba así porque la conocida Piedra del Sol que lo representa se talló durante la época azteca, pero en realidad es una recopilación de la sabiduría de muchas culturas: la teotihuacana, la tolteca y, por último, la azteca. Hugo me dijo que el verdadero nombre del calendario era *cuauhxicalli*, 'la casa del águila', o *nahui ollin*, 'los cuatro movimientos'.

Como ya he mencionado, los cuatro movimientos corresponden a las observaciones de las culturas náhuatl respecto a que había una constante en el universo que se expresaba no solo a través de los ciclos de los días, los meses y los años, sino también por medio de los ciclos más amplios del universo; el número cuatro, que se repite una y otra vez a todas las escalas, desde el momento más breve hasta la era más larga, haciendo que nuestro universo sea cíclico y predecible.

Estos cuatro movimientos están representados en el centro del calendario por un Sol, que mucha gente cree erróneamente que está sacando la lengua, pero en realidad la «lengua» es un pedernal, un cuchillo de justicia hecho de sílex, que representa el Quinto Sol. Los cuatro cuadrados que lo rodean representan los cuatro Soles anteriores, o los cuatro movimientos del día, de la Luna y del año.

Los cuatro movimientos del calendario azteca

Este calendario que muestra las grandes medidas de tiempo y espacio fue tachado de diabólico por el monje español Fray Bernardino de Sahagún cuando los españoles llegaron a México. Sin embargo, estoy convencido de que fue este monje quien recopiló toda la sabiduría del calendario, en especial la cuenta de los días, y le debemos mucho, sobre todo ahora que me doy cuenta más que nunca de que es la presentación del calendario de ciclos repetidos basados en la matriz de cuatro lo que lo convierte en el instrumento profético más destacado del mundo antiguo.

Por ejemplo, en un período de veinte días, uno de los puntos cardinales (Norte, Sur, Este y Oeste) rige el calendario cada cuatro días y de este modo representa un sinfín de movimientos diferentes, como el Quincunce, que representa las matemáticas de Venus y de la Luna, regentes del mundo de los sueños.

El Quincunce

Más adelante profundizaré sobre ese mundo, pero volviendo a la Cuenta larga, en el calendario se muestra en las dos serpientes con rostro humano que están en el anillo exterior. Estas serpientes nos recuerdan el enorme esfuerzo realizado por los antiguos mexicanos para adquirir valiosos conocimientos, conquistar su oscuridad y a sí mismos, y despertar a nivel espiritual. Esto tiene una gran relevancia, ya que el anillo exterior representa a todas las personas que acabarán despertando en un día, un ciclo lunar, un año o incluso 26.500 años. Sea cual sea el tiempo que tardemos, siempre adquiriremos un valioso conocimiento solar al final de nuestro ciclo de aprendizaje.

Volviendo a la Cuenta larga, también aprendí en esa primera lección que las dos serpientes representaban un ciclo que muchas culturas ya habían visto y que duraba 26.500 años. Fue observado por primera vez por los egipcios, que lo denominaron «precesión de los equinoccios». El segundo lugar donde se observó y calculó esta cuenta fue en la antigua civilización mesopotámica de Sumeria, donde se dividía en ciclos de 2.160 años, que hoy conocemos como «eras zodiacales». Uno de estos ciclos, que ha sido muy discutido en los tiempos modernos y que terminó hace algunos años, es la Era de Piscis. Esta fue famosa por el control ejercido por tres religiones patriarcales: el judaísmo, el cristianismo y el islam. Ahora está dando paso a la mentalidad más exploradora de la Era de Acuario, que está abierta al ocultismo, a la metafísica y a las nuevas corrientes de pensamiento.

Por último, otro lugar donde la Cuenta larga se calculó, e incluso se convirtió en la influencia predominante en la conciencia colectiva, fue en las culturas maya y tolteca, cuyo fundamento era el número cuatro, la matriz del universo. Por ello, los antiguos toltecas y aztecas dividían la precesión de los equinoccios en ciclos de cuatro, a los que llamaban «Soles».

Una de las cosas que me llamó la atención durante esa primera lección fue cuando mi profesor dijo: «¿Has visto lo que se está escribiendo sobre el fin del mundo y/o la llegada de la raza dorada en el año 2012? Todo se basa en una sola afirmación de la tradición oral: "En un día *nahui ollin* —es decir, un día de cuatro movimientos— el Quinto Sol terminará su ciclo con terremotos, habrá mucho sufrimiento y muchas personas fallecerán"».

Pero según el calendario tolteca mexica, el 21 de diciembre de 2012 no fue un día de cuatro movimientos, sino de tres serpientes. Además, creo que la afirmación de la tradición oral no se puede tomar de forma literal. Por supuesto, un terremoto es un movimiento de las placas tectónicas, pero también puede ser el desplome de las estructuras sociales, económicas y políticas establecidas. Cuando esto ocurre, siempre hay mucho sufrimiento debido a la desidia, a la resistencia al cambio y a la falta de disciplina de las personas, por lo que puede decirse que al final del Quinto Sol muchos desaparecerán porque el mundo entero se verá obligado a cambiar.

Creo que si observamos el mundo actual, podemos ver que es cada vez más probable que esta interpretación sea correcta.

Pero antes de empezar a examinar las profecías toltecas y relacionarlas con los acontecimientos que estamos viviendo hoy en día, me gustaría hablar del conocimiento que dejaron los toltecas y los mexicas con respecto al Sol anterior, que todavía nos influye. Si queremos empezar a abordar nuestra situación actual, este debe ser nuestro punto de partida.

NUESTRA HERENCIA

La cultura tolteca mexica solo describe lo ocurrido durante los últimos cinco Soles, es decir, 33.625 años. Sé que las tradiciones maya y védica se remontan más atrás, pero el problema principal para nosotros ahora es lidiar con el legado de estos tiempos. La ciencia relativamente nueva de la epigenética está demostrando que heredamos los efectos de todos los traumas que han vivido nuestros antepasados. Del mismo modo que podemos analizar nuestra propia historia familiar para llevar a cabo un proceso de sanación personal, también podemos examinar nuestra gran historia familiar humana para averiguar qué hemos heredado y cómo podemos sanar a nivel colectivo.

A primera vista, los relatos toltecas de Soles anteriores parecen absurdos. Sin embargo, una vez que nos familiarizamos con la forma de pensar de los toltecas, empezamos a comprender que se valían de metáforas para describir acontecimientos históricos.

Lo primero que tenemos que entender es que los Soles, los períodos de 6.625 años, se compararon con momentos específicos de un día. Tenemos que tener esto en cuenta al utilizar esta antigua tradición de un modo profético. Pero antes volvamos al Primer Sol.

El Primer Sol: El Sol del Jaguar

El Primer Sol reinaba metafóricamente desde la puesta de sol hasta la medianoche, por lo que se le considera un Sol de oscuridad. Se dice que entonces no había movimiento; era un período de gran estabilidad. Antiguas tradiciones de todo el mundo, incluidos los chichimecas y los otomíes del antiguo México, afirmaban que en esa época había seres enormes en la Tierra, gigantes mucho más altos que los humanos promedio y que se extendían por todo el mundo. Otras culturas afirmaban que los dioses caminaban por la tierra.

Según la tradición tolteca, los seres enormes eran deshonestos y por eso se extinguieron. Así, las personas del Primer Sol nos dejaron la idea de que la decadencia humana comenzó con la falta de honestidad; una carga que llevamos desde entonces.

El Segundo Sol: El Sol del Viento

El Segundo Sol reinaba desde la medianoche hasta el amanecer, al igual que lo hará el Sexto Sol, por lo que el Sexto Sol tendrá algunas de las características del Segundo. Por eso debemos ser especialmente conscientes de lo que hemos heredado de este período.

Se dice que durante el Segundo Sol la humanidad se convirtió en simios o monos. Mucha gente se confunde con esto porque creen que los antiguos mexicanos estaban hablando de la prehistoria, pero según la teoría de la evolución de Darwin, ¿no fue al revés?

Sin embargo, en la antigua tradición tolteca, el mono es el arquetipo que simboliza el placer, la danza y el sexo, y se asocia a la creatividad. Por lo tanto, este Sol era, al menos al principio, a medianoche, un momento de relativa felicidad, creatividad y placer. Sin embargo, la medianoche es un momento para que se manifiesten los sueños sin ningún marco moral y las personas de ese Sol decidieron manifestar placer y poder en vez de evolución. Al amparo de la oscuridad perdieron la capacidad de discernir y se sorprendieron sucumbiendo no solo a la lujuria, sino también a todo tipo de excesos. Fue entonces cuando la humanidad perdió la fuerza de voluntad, la disciplina y el propósito. Podemos ver que en la historia bíblica de Sodoma y Gomorra se narra algo similar.

Se dice que al final de este período llegó el Viento y se lo llevó todo. El Viento simboliza la vieja energía, en particular el Viento Negro del Norte, que equivale al karma. Por lo tanto, debemos comprender que el legado del Segundo Sol será importante en nuestra época. Su mayor encerrona es negarse a cambiar hasta que todo se desvanece, y esto explica por qué hoy en día hay tanta gente incapaz de superar el miedo al cambio y prefiere aferrarse a un sistema inviable o sentarse delante del televisor hasta que las cosas vuelvan a ser como antes. En cambio, los demás ya han empezado a cambiar su forma de vida.

El Tercer Sol: El Sol de Fuego

El legado del Tercer Sol es una de nuestras lecciones más profundas. Hablando desde un punto de vista metafórico, este Sol reinaba desde el amanecer hasta el mediodía, los dos momentos del día en los que el Sol es la fuerza principal y aporta cualidades más masculinas.

¡Y aquí viene la sorpresa! Según la tradición, durante el Tercer Sol la humanidad se convirtió en *guajolotes,* ¡pavos! Se trata, por supuesto, de otra metáfora. El pavo simboliza el ego. Esto se puede ver en la propia ave: a nivel estético, los pavos no son las criaturas más atractivas del reino animal, pero en su ritual de apareamiento, se hinchan, ¡convencidos de que son deslumbrantes! De hecho, el verbo «pavonearse» proviene de la danza de apareamiento del pavo.

Por consiguiente, el pavo representa la ilusión de sentirse superior a los demás, la ilusión en la que suelen estar atrapadas las personas más guapas, ricas y con más éxito. Por el contrario, también puede representar la ilusión de sentirse inferior a los demás, la prisión en la que nos ha confinado la sociedad, sobre todo los medios de comunicación, que presentan modelos de belleza y de éxito para que los emulemos. Si reflexionamos durante un momento, podemos ver el legado del Tercer Sol en la forma en que muchas personas adoran a las celebridades o a la realeza. Pero, como diría uno de mis mejores maestros, «Son solo ilusiones del reflejo en el espejo».

Se dice que una lluvia de Fuego Furioso arrasó con casi todo al final del Tercer Sol y que solo quedaron los pavos. Sus rostros quemados nos advierten de que el falso ego puede ser tan destructivo como un fuego voraz.

Se cree que esta lluvia de fuego pudo ser causada por erupciones volcánicas en el Cinturón de Fuego del Pacífico o tal vez por una guerra nuclear entre civilizaciones avanzadas. No podemos saberlo con certeza, pero podemos hacer caso de la advertencia de los pavos.

En las antiguas culturas de México, a los guerreros, sacerdotes y gobernantes iniciados se les entregaba un pequeño pavo hecho de jade después de haber completado su formación y de haber superado la ilusión del reflejo en el espejo. Su propósito era que recordaran que jamás podrían ser inferiores, pero tampoco superiores al resto de la humanidad.

El Cuarto Sol: El Sol de Agua

El Cuarto Sol reinaba del mediodía a la puesta de sol, por lo que se consideraba un sol diurno, de dominio masculino, aunque la puesta de sol es una fuerza mucho más femenina y un momento en el que sucede todo lo que afecta a la conciencia colectiva durante el estado de inconsciencia. Se decía que durante este Sol, la Tierra se inundó y los humanos se convirtieron en criaturas marinas.

Podemos explicar esta inundación de dos maneras diferentes. La primera es que se tratara del conocido Diluvio Universal descrito en la Biblia y en muchas leyendas antiguas. De acuerdo con nuestra tradición, si ese fuera el caso, el Diluvio Universal habría ocurrido entre 13.000 y 10.000 años atrás.

Por supuesto, puede que el diluvio no fuera literal, sino metafórico. En la tradición tolteca, el elemento Agua representa las emociones y el cambio. Por lo tanto, podemos ver que estos habrían sido años de cambios repentinos, inesperados y a menudo inexplicables. Esto lo estamos experimentando de nuevo ahora, como parte del legado de este Sol.

Según la tradición, en realidad hay cuatro tipos diferentes de Agua:

Agua (lluvia) que no cae: sequía

Este tipo de Agua representa todo lo que nos falta. Todos nosotros tenemos, o hemos tenido, una terrible sequía en aspectos de nuestras vidas; en nuestras emociones, en el trabajo, en la economía, etc. Nuestro planeta es un reflejo de nuestro interior colectivo y los devastadores incendios que se han producido en los últimos años han sido un reflejo de la gran sequía interior que estamos sufriendo como individuos.

Agua que cae en forma de granizo y destruye

Los antiguos describían este tipo de Agua como granizo porque destruía el florecimiento, es decir, la expresión y la realización personal. A nivel personal, representa las adicciones, las enfermedades, las malas relaciones y todas las situaciones en las que somos autodestructivos.

Del mismo modo que nuestro planeta es un fiel reflejo de nosotros mismos, el mal tiempo, los huracanes y los tifones que vemos hoy en día nos muestran cuánto granizo interior e individual está cayendo. Es hora de responsabilizarnos de nuestra propia Agua para ayudar a nuestra querida Tierra.

Agua que cae repentinamente y provoca inundaciones

Las inundaciones son el exceso de Agua, así que por supuesto este tercer tipo de Agua se refiere a todos los excesos que tenemos en nuestras vidas: el trabajo, la culpa, las emociones dolorosas, la comida, el materialismo… Creo que el consumismo excesivo de la sociedad pudiente ha hecho que este tipo de Agua nos inunde por completo, ya que algunas personas son muy pobres (sequías), mientras que otras son extremadamente ricas (inundaciones), lo que da lugar a un nivel de desigualdad sin precedentes en la historia de la humanidad.

*Agua que hace posible que todas las cosas crezcan
en armonía*

Este cuarto tipo de Agua es la lluvia suave que ayuda a que todo lo que hay en la naturaleza crezca. Hay muchas prácticas espirituales para sanar nuestra Agua interior y convertirla en la lluvia que nos ayudará a crecer y a vivir en el paraíso mental donde estamos equilibrados en nuestra propia Agua.

Ahora que tenemos el panorama completo podemos entender que la historia de que todo se inunda es la de un aumento de las emociones destructivas y la respuesta a ellas, que tiene como resultado un exceso de emoción. Algunas de las mayores cargas que hemos arrastrado de forma colectiva se generaron durante este período: la adicción al sufrimiento; la tendencia a buscarnos problemas; la desigualdad y la enfermedad que hacen que nuestra vida sea desgraciada.

Es fácil ver que tenemos que erradicar este legado del Cuarto Sol: la idea de que estamos aquí para sufrir, que debemos aguantar las cosas y que los ricos nunca irán al Cielo. La Tierra es un lugar maravilloso que puede ser un paraíso o un calvario; depende por completo de nosotros.

El Quinto Sol: El Sol del Cuchillo de Sílex

Así pues, hemos llegado a los tiempos modernos, al Quinto Sol, la era que terminará el próximo año 2021. Aquí estamos como especie humana, compartiendo la herencia de los Soles que nos han precedido e ignorando la pesada carga que todos llevamos a consecuencia de encarnarnos en este planeta en este momento.

El Quinto Sol está representado por la conocida imagen del Sol con la lengua de pedernal que se ve en el calendario azteca. Por desgracia, cada vez que la gente de todo el mundo ve esta representación del calendario azteca la confunde con el calendario maya. Para empeorar las cosas, si realizas una búsqueda en internet del «calendario maya», la primera imagen que aparece en más de la mitad de páginas web es la del calendario azteca.

Me gustaría aclarar que hablamos de dos calendarios diferentes. Ambos se basan en los números 13 y 20, pero sus Cuentas largas difieren.

El Quinto Sol

Según la Cuenta larga del centro de México, el Quinto Sol, también conocido como el Sol del Cuchillo de sílex, data de hace aproximadamente 6.600 años. Toda nuestra historia oficial ha tenido lugar durante este Sol. Por desgracia, como especie, solo tenemos en cuenta la historia de Occidente, minimizando la de Oriente y descuidando e incluso destruyendo la de América.

El Quinto Sol ha perdurado desde el atardecer hasta la medianoche, lo que significa que comenzó durante la vibración masculina del día y debería haber adquirido una energía más femenina o, al menos, más equilibrada, hace unos 6.000 años. Sin embargo, los que estamos familiarizados con esta cuenta sabemos que sucedió algo inusual en ese momento.

En esa época se celebraba un ritual que consistía en cortar la cabeza de una estatua de la diosa sumeria del Sol, lo que dio lugar al surgimiento de una inimaginable cultura patriarcal. Esto contradice todo lo que debería haber ocurrido, según la Cuenta larga. Podemos concluir que hubo un grupo de personas que se negaron a aceptar el dominio de la noche y la Luna femeninas y que, de ese modo, propiciaron una hegemonía masculina y solar muy controladora por medio de las artes oscuras.

Sin embargo, este orden antinatural condujo a la opresión de las mujeres, de las minorías y de determinadas razas y a la creación de religiones patriarcales. Hoy en día son muchos los que creen que así es como deben ser las cosas y, lo peor de todo, es que es la única realidad que existe en casi todo el planeta. Vivimos en un Sol de injusticia, una época en la que pequeños grupos explotan a los demás, en la que prevalece la desigualdad racial, que provoca un dolor y un sufrimiento infinitos, y en la que se justifica todo tipo de atrocidades en nombre de la religión o en nombre de un Dios vengativo que favorece a una sola religión o raza.

Se trata, pues, de un Sol cuyo legado es la desigualdad, el sufrimiento y la ira. Por eso algunas culturas lo han llamado el Sol de la Furia.

Volviendo a mi primera lección con Hugo…, lo primero que aprendí fue que íbamos a vivir la transición del Quinto al Sexto Sol y que ya había comenzado. Lo que Hugo me dijo entonces sigue fresco en mi memoria: «En la Cuenta del centro de México, el cambio será gradual, como en la naturaleza, cuando el amanecer se abre paso poco a poco a través del velo de la oscuridad, dando lugar a un nuevo día. El velo es el tiempo que transcurre entre 1991 y 2021, cuando comenzará el reinado del Sexto Sol. —Y añadió—: Este cambio comenzó con el eclipse solar del 11 de julio de 1991, que se vio en Hawái, Ciudad de México y partes de Sudamérica. Fue entonces cuando el Sexto Sol empezó a tomar el relevo del Quinto Sol de forma paulatina».

Dijo que los Soles ejercerían la misma influencia sobre la conciencia colectiva el 21 de diciembre de 2012. Después de ese punto medio, el Quinto Sol empezaría a perder poder de manera gradual, hasta que un eclipse lunar el 26 de mayo de 2021 marcaría su ocaso. Sin embargo, el derrumbe del viejo sistema continuaría ejerciendo su influencia en nosotros hasta la ceremonia del Fuego Nuevo —una ceremonia celebrada por los pueblos del centro de México, incluidos los toltecas y los aztecas— el 24 de noviembre de 2026, que marcaría el nacimiento de una nueva etapa en la conciencia colectiva de la humanidad.

Mencionó que los últimos nueve años de la transición serían los más complicados para nosotros, ya que tendríamos que pasar por nuestros inframundos.

Era la primera vez que oía hablar de la Cuenta larga, de alineaciones planetarias que iban más allá de la astrología, de los Fuegos Nuevos, etc. Es posible que muchos de vosotros os encontréis ahora en la misma situación, así que en el próximo capítulo relataré parte de mi investigación sobre lo que me contó Hugo y así podremos ver hasta qué punto las profecías toltecas se han hecho realidad. A continuación analizaremos los años venideros. Por último, ofreceré soluciones y ejercicios prácticos para que podamos vivir estos tiempos de la mejor manera para todos nosotros.

Capítulo 2

EL CAMINO A TRAVÉS DE LOS INFRAMUNDOS

Aquella tarde de 2005 me sentí fascinado por las enseñanzas toltecas y necesitaba saber más. Empecé a dar clases semanales con Hugo, pero también emprendí una investigación más profunda por mi cuenta. En primer lugar, investigué las Cuentas largas.

LAS CUENTAS LARGAS

Cuando empecé a investigar, toda la información disponible sobre Cuentas largas se centraba en una fecha: el 21 de diciembre de 2012. No pude encontrar ninguna mención al año 2021. Sin embargo, descubrí que muchas civilizaciones antiguas consideraban que los eclipses presagiaban desgracias. Además, poco después de conocer a Xolotl, mi otro maestro en la tradición mexicana, y de aprender de él a leer los antiguos pictogramas mexicanos, descubrí que el símbolo de un eclipse lunar era un cocodrilo, que representaba a la Madre Tierra, comiendo un círculo con una cruz en el centro, que representaba a la Luna.

Guiado por esta información, visité Xochicalco, un emplazamiento arqueológico en Morelos, cuya principal joya es el Templo de Quetzalcóatl. Este monumento al inestimable conocimiento de la cultura de Xochicalco, que oficialmente se considera posterior a Teotihuacán, posterior a los mayas y anterior a los toltecas, contiene una talla en piedra de una reunión de sabios que, por sus características étnicas, eran claramente de origen maya, olmeca, mixteca, zapoteca y xochicalco reunidos para configurar el calendario.

Lo más interesante que descubrí fue que en las paredes aparecía el símbolo del cocodrilo devorando la Luna, lo que me dejó claro que los factores más importantes, o algunos de los más importantes, al principio y al final de la Cuenta, eran los eclipses lunares.

Además, teniendo en cuenta que el esplendor tolteca y azteca se produjo después de todas las culturas mencionadas anteriormente, tuvo que haber más discusiones en las que se aprobara la Cuenta larga y se ajustara, en caso de ser necesario, el calendario. Así, la Cuenta larga del centro de México debió suceder a la maya del sur de México y perfeccionarse sobre la marcha, por lo que parecía probable que esta cuenta fuera la más precisa.

Tallas en el Templo de Quetzalcóatl, Xochicalco

*Símbolo del cocodrilo devorando la Luna en el Templo
de Quetzalcóatl, Xochicalco*

Continué mi formación con Hugo y Xolotl, aprendiendo sobre el sueño lúcido y la identidad mexicana, que se convirtieron en mis principales intereses, pero al mismo tiempo observaba cómo se iban cumpliendo las predicciones personales de Hugo y cómo se iba cumpliendo también la gran profecía de la Cuenta larga. Ahora, no tengo ninguna duda de que la Cuenta larga del centro de México es la correcta.

LA TRANSICIÓN

La cuenta tolteca concuerda a la perfección con la profecía de la que me habló Hugo:

El cambio comenzará con
el eclipse del 11 de julio de 1991.

Ese eclipse tuvo una amplia difusión en televisión, en radio y en la prensa escrita, junto con una advertencia de no mirarlo de forma directa por temor a quedar ciego. Yo era muy joven, pero recuerdo haberlo visto con mi familia a través de la claraboya de casa y experimentar la oscuridad que nos envolvió durante ese minuto en pleno día.

Durante los primeros 20 años, más o menos,
se producirán cambios externos en su mayor parte,
pero los cambios internos se harán evidentes
de un modo gradual.

Si tenemos en cuenta todo lo que ha traído el Sexto Sol, la precisión de esta profecía es innegable. El año siguiente al eclipse, la expansión del ancho de banda trajo la posibilidad de acceder a internet desde los ordenadores personales. Esto acabó dando paso a los teléfonos móviles; dispositivos que hoy son más importantes para la mayoría de la población que sus parejas y amigos, algo que era impensable en 1991.

Photoshop, el programa informático que nos permite editar fotografías y mejorar las imágenes, también acababa de aparecer por entonces. Y así, un gran número de personas comenzó a alejarse de sí mismas buscando parecerse a supermodelos o a perfiles hechos por medio de la tecnología y casi imposibles de imitar para los humanos. A esto le siguió diversos trastornos de la alimentación y de la personalidad.

También llegó el GPS; primero como tecnología especializada empleada por los militares para encontrar y seguir el rastro a personas, y luego como una forma de ubicarnos en nuestros coches y teléfonos móviles y encontrar el camino a nuestro destino sin necesidad de ver señales físicas, leer un mapa físico o preguntar por una dirección.

Poco a poco se fue reduciendo la comunicación directa con el mundo exterior. Con el paso de los años, llegó el correo electrónico y los mensajes de texto, que sustituyeron al contacto humano, al discurso directo, a las cartas y a las llamadas telefónicas. La tecnología empezó a generar de forma imperceptible un encierro interior y voluntario en el que permanecemos dentro de nosotros mismos.

Mientras escribía este libro, teníamos un cierre exterior obligatorio.

Luego, por supuesto, llegó Facebook, la red social más importante del Sexto Sol hasta el momento. Ya no teníamos que hacer un esfuerzo físico para conocer a alguien; con las fotos de nuestro ordenador o teléfono podíamos formar nuevas amistades y reunir a familias y desconocidos, todo ello sin contacto humano, sin abrazos ni peleas.

Ahora comprendo por qué se decía que el Quinto Sol era una época para buscar todo en el exterior —cosas, personas, satisfacciones, Dios—, pero el Sexto Sol sería una época para mirar hacia el interior, a lo que parecería un mundo onírico. Por supuesto, el cambio no podía producirse de forma inmediata y, de hecho, ha sido gradual. Pero poco a poco hemos dejado de mirar el mundo exterior de manera directa y hemos empezado a verlo a través de un ordenador o de un teléfono.

También podemos observar que en esos años el budismo se expandió en Oriente y la meditación, el yoga, la astrología y otros temas y prácticas espirituales comenzaron a ser más conocidos en Occidente. Como decía la profecía, «Los cambios internos se harán evidentes de modo gradual».

En la última parte de esta primera fase de cambio, que condujo a nuestra alineación planetaria con el centro de la galaxia el 21 de diciembre de 2012, entramos en una era de automatización en la que se empezó a reemplazar la mano de obra humana por máquinas, cambiando por completo la economía mundial.

El 21 de diciembre de 2012, como ya se ha mencionado, el Quinto y el Sexto Sol influyeron por igual. En el plano astronómico hubo una alineación de varios planetas en la constelación de Tauro, donde se encuentran las Pléyades y el centro de la galaxia. Aquí quiero aclarar que en la tradición antigua, las alineaciones y los eclipses se ven desde un punto de vista geocéntrico. Cuando los planetas parecen estar alineados es al verse desde la Tierra; no es realmente que estén alineados en el universo.

¿NUEVAS POSIBILIDADES O PATRONES REPETIDOS?

En mis clases posteriores con Hugo y Xolotl aprendí la importancia de las Pléyades para los antiguos mexicanos. Antes he mencionado que la Cuenta larga en el calendario azteca se representaba como dos serpientes con rostro humano y plumas. Si las observamos con atención podemos ver que en las plumas las dos tienen siete pequeños círculos y uno más grande que podría servir de pendiente para ambas cabezas humanas. Gracias a esto supe que esos siete círculos representaban las Pléyades, que el pendiente correspondía a nuestro sol y que la Cuenta larga se basaba en la órbita de nuestro Sol alrededor de las Pléyades.

En náhuatl, la antigua lengua tolteca y azteca, esta órbita se llama Tianquiztli. Se dice que prueba de ello es que el Templo Mayor de Ciudad de México estaba dedicado al Sol y el idéntico Templo Mayor de Tlatelolco, una zona de Ciudad de México donde vivían los principales aliados de los mexica, estaba dedicado a las Pléyades. Allí se ubicaba el mercado, por eso los mexicanos todavía lo llamamos *tianguis*, "el bazar", en recuerdo de Tianquiztli, la órbita de nuestra Tierra alrededor de las Pléyades y, por ende, del orden cósmico.

A pesar de no ser visibles a simple vista, las Pléyades eran muy importantes para muchas culturas antiguas, como la celta, la griega, la mexicana y la hawaiana.

El Sol tarda 26.500 años en girar alrededor de las Pléyades, lo que nos da más información sobre la naturaleza de los Soles y de los ciclos cósmicos. Ahora estamos llegando a la misma posición con respecto a las Pléyades en la que estábamos durante la transición del Primer Sol al Segundo. Debemos revisar las lecciones y legados de estos Soles para no repetir nuestros errores. Pero las Pléyades están ahora en una posición radicalmente diferente en el universo a la que tenían entonces, lo que hace posible que cambiemos nuestro destino en este Nuevo Sol, combinando la energía de la posición repetida con la de la nueva para obtener un resultado mejor.

La gran lección del Primer Sol fue que la falta de honestidad trajo la ruina, así que es un buen momento para preguntarnos: «¿Estoy siendo honesto? ¿Soy honesto conmigo mismo, con mis sentimientos, con mis creencias y con lo que digo? ¿O es el colectivo el que habla a través de mí? ¿Estoy repitiendo como un loro lo que me han dicho toda la vida?».

A medida que nos adentramos en el Sexto Sol, debemos ser sinceros con nosotros mismos. Tómate un momento para reflexionar sobre estas preguntas:

- ✸ ¿Quién creo que soy?
- ✸ ¿Quién soy?
- ✸ ¿Cómo me gustaría pasar esta transición?

❋ ¿Estoy dispuesto a cambiar y entrar en un mundo diferente sin echar de menos el anterior?

A continuación, debemos evaluar a nuestros gobiernos y a los principales medios de comunicación. ¿Se puede confiar en ellos? ¿Nos dicen la verdad? ¿Están imponiendo sus intereses? Y si es así, ¿cuáles y por qué? Deberíamos sacar nuestras propias conclusiones y considerar si estamos creando algo nuevo o simplemente repitiendo patrones arraigados en nuestro inconsciente durante los últimos 26.500 años.

En el Segundo Sol, las debilidades que acabaron con la gente fueron el miedo al cambio, la desidia y la falta de disciplina. Creo que precisamente estas cosas son el talón de Aquiles de la humanidad actual. ¿Cómo afrontas la crisis actual? ¿Tienes miedo de lo que pueda pasar? ¿Estás paralizado, abrigando la esperanza de que se restablezca la vida normal? No es muy probable ya. ¿Estás haciendo los cambios que necesitas para cuidarte, estar en paz contigo mismo y adaptarte a la nueva fase o eres demasiado gandul? Créeme que si estás sentado delante de la televisión o con tu teléfono, esperando a que las cosas vuelvan a la normalidad, estás bajo la influencia del Segundo Sol, y lo que ocurrió entonces fue que el Viento llegó y arrasó con todo. El Viento es la vieja energía —el karma, si prefieres verlo así— y hará lo mismo esta vez, así que los que no quieran cambiar se verán obligados a hacerlo o perecerán.

Pero no todo está perdido; si aprendemos las lecciones del Primer y del Segundo Sol en la transición del Quinto al Sexto, se nos abrirán nuevas posibilidades.

El Sexto Sol se llama Iztac Tonatiuh o 'Sol Blanco'. «Blanco» se refiere a la profecía del regreso de Quetzalcóatl, la esencia de Dios o la energía blanca, o Quequetzalcóatl, en plural, que significa 'aquellos en quienes surge la serpiente', siendo la serpiente el equivalente mexicano de la *kundalini* de las tradiciones orientales. Así pues, los Quequetzalcóatl son aquellos que han adquirido un valioso conocimiento y una iluminación espiritual. En otras tradiciones, a estas personas se las conoce como «avatares», o aquellos con conciencia de Cristo, o naturaleza de Buda.

De modo que esta profecía nos está diciendo que vale la pena el esfuerzo para superar los obstáculos de estos tiempos, adaptarse al nuevo orden y buscar el conocimiento espiritual. Incluso cabría pensar que se refiere a nosotros personalmente y que podemos alcanzar la iluminación en el Nuevo Sol. Me gusta pensar así y estoy trabajando para que este sea mi futuro. Parte de esto es tratar de entender la naturaleza del nuevo mundo que habitamos y las formas más elegantes de llegar a él, que abordaremos en los siguientes capítulos.

Pero antes volvamos a la profecía de Hugo al final de mi primera lección con él: que de 2012 a 2021 la humanidad pasaría por sus inframundos.

LOS INFRAMUNDOS

En primer lugar vamos a aclarar el concepto de «inframundo». La opinión ortodoxa es que el inframundo es donde los antiguos creían que iríamos después de la muerte. En efecto, iremos allí después de la muerte, pero esta es una verdad muy limitada. Del mismo modo que culturas antiguas tan sofisticadas como la egipcia, la maya o la tolteca, entre otras, creían que el Sol moría cada noche para renacer al día siguiente, el inframundo era una forma metafórica de describir uno de los lugares a los que vamos por la noche cuando dormimos. Dado que nuestros sueños crean una gran parte de nuestra experiencia de vigilia, nuestros inframundos son, de hecho, lugares de creación. Son los lugares en los que nos vemos obligados a crearnos de nuevo, ya que son los lugares en los que nos enfrentamos a todos nuestros problemas no resueltos, a nuestros patrones negativos inconscientes, a nuestra inercia y a nuestra autodestrucción, a nuestro legado ancestral negativo y a nuestros Viejos vientos, nuestro karma.

En la tradición tolteca mexica, existen nueve de estos inframundos. Todos ellos se describen de manera metafórica. Existen tanto a nivel colectivo como personal. Todos hacemos una contribución personal a los inframundos colectivos. En consecuencia, no podemos eludir la responsabilidad de ninguno de ellos. Lo que podemos hacer es analizar de qué forma hemos contribuido a ellos. Así podemos aceptar nuestra responsabilidad y hacer cambios en consecuencia.

Estamos atravesando nuestros inframundos a nivel colectivo durante este período de transición, a razón de un año por inframundo, pero los inframundos anteriores también nos siguen influyendo.

2013: El primer inframundo

Se describe como el inframundo donde cruzamos de un río a otro. Esto se refiere a cruzar del estado de vigilia al estado de sueño y de la vida a la muerte.

Como he mencionado antes, el Sexto Sol ha visto que los teléfonos móviles han pasado de ser objetos de lujo a ser esenciales. El proceso por el que la tecnología, los videojuegos y las redes sociales están desviando nuestra atención del mundo exterior aún no ha terminado y de una u otra forma nos veremos obligados a cruzar el río y a mirar dentro de nosotros mismos.

2014: El segundo inframundo

Se trata de un lugar en el que hay dos montañas divididas por un camino. Cada vez que queremos caminar entre las montañas, estas se juntan, aplastándonos y devolviéndonos al principio del camino.

Esto representa todos los patrones destructivos que repetimos una y otra vez, como individuos y como colectivo, a pesar del sufrimiento que las montañas, hablando desde un punto de vista metafórico, nos causan.

Ese sufrimiento puede ser a gran escala. Ni siquiera nos ha bastado con dos guerras mundiales y la absoluta destrucción de muchas civilizaciones, hablando a nivel colectivo. Siempre volvemos a empezar, viéndonos como extraños o enemigos, a pesar de nuestra humanidad compartida. Aunque hemos pasado por este inframundo, ahora sentimos su influencia, ya que el nacionalismo está en auge e incluso estamos viviendo disturbios raciales. Parece que la especie humana repite una vez más un patrón destructivo y está a punto de ser aplastada por las dos montañas.

¿Qué podemos hacer? Todos podemos actuar a nivel personal analizando los patrones destructivos que hemos estado repitiendo en nuestras propias vidas. La forma de liberarse de este inframundo es reconocer estos patrones y entonces decidir cómo podemos lograr lo que queremos sin ellos, sin pereza y sin falta de disciplina.

2015: El tercer inframundo

Se trata de una colina cubierta de cuchillos de obsidiana, con los que nos cortamos cada vez que pasamos por encima.

Es una forma muy sencilla de describir lo que hemos heredado del Cuarto Sol: la adicción al sufrimiento. Frases como: «Este mundo es un valle de lágrimas», «Estamos aquí para sufrir» y «Es más fácil que un camello pase por el ojo de una aguja que un rico entre en el Reino de los Cielos» ilustran perfectamente este submundo.

Es una desafortunada tendencia humana tener siempre problemas sin resolver, ya sean relacionados con la salud, las relaciones, las emociones y, en estos momentos, incluso con las infecciones. Según Hugo, esta tendencia proviene de nuestros recuerdos de cuando éramos un bebé que solo podía pedir comida o llamar la atención llorando. Continuamos haciendo esto más adelante en la vida, no necesariamente llorando, sino buscando atención de forma negativa y destructiva. Pero pagamos un precio muy alto en forma de enfermedad, pobreza, carestía o malas relaciones.

A nivel personal, es muy fácil identificar las áreas en las que somos adictos al sufrimiento, ya que son las áreas en las que siempre tenemos problemas. ¿Qué es un problema constante para ti: la salud, la abundancia, las relaciones, la sexualidad?

A nivel colectivo, todavía recuerdo muy bien la época del Quinto Sol, cuando la mayoría de las personas que tenían un matrimonio convencional, seguían una religión organizada y ganaban un buen sueldo creían que eran felices o al menos estaban satisfechas. Sin embargo, bajo la creciente influencia del Sexto Sol, vemos que cada vez son más las personas que tienen crisis personales, pasan por divorcios, cuestionan sus creencias y pierden la fe, por no hablar del trabajo. La sociedad está invadida por la depresión y la ansiedad, y el número de pacientes psiquiátricos ha aumentado de manera drástica, lo que ha provocado un incremento en la prescripción de antidepresivos y antipsicóticos. Peor aún es el hecho de que los fármacos no están mitigando la adicción al dolor que hemos desarrollado como especie, que solo nos llevan poco a poco a la colina de los cuchillos, donde nos hacemos cada vez más daño.

Pero creedme cuando os digo que el fin de este ciclo es una gran oportunidad para que nosotros, como sociedad, aceptemos que este problema existe y que tenemos que poner fin a todo este sufrimiento. No solo tenemos que observar lo que está ocurriendo, sino también decidirnos a cambiar a nivel colectivo. Podemos hacerlo. En realidad, es más fácil aprovechar el confinamiento actual para hacer cambios, a nivel personal al principio, que aferrarse a las ideas anticuadas y al sufrimiento del Sol anterior.

2016: El cuarto inframundo

Se describe como un lugar de vientos helados en el que a todos nos cubre una capa de hielo que nos impide movernos. Por supuesto, estar paralizado contradice la verdad espiritual de que el movimiento y el cambio son inevitables.

Pregúntate en qué estás paralizado. ¿Hay cosas que siempre has querido lograr o crear, pero que nunca has tenido la ocasión de empezar? Admitir en qué has sido perezoso o indisciplinado te ayudará a salir de esta trampa del Primer Sol y a ver con claridad tu aportación a la capa de hielo que paraliza a la humanidad.

La influencia de este inframundo es ahora más evidente porque se ha combinado con la del segundo inframundo. Estar estancado en patrones destructivos ha llevado al resurgimiento de puntos de vista y movimientos políticos obsoletos. Se puede apreciar esto en la tendencia a luchar unos contra otros en lugar de aceptar la gran verdad universal de que todos somos uno y debemos avanzar juntos. Por desgracia, las cosas pueden empeorar aún más antes de que nos movilicemos lo suficiente como para avanzar en una dirección diferente.

2017: El quinto inframundo

El quinto inframundo en la mitología azteca y tolteca es un lugar donde vientos feroces soplan sin descanso una bandera. Para los antiguos, los fuertes vientos simbolizaban la influencia de nuestros ancestros. Cuando soplaban, nos enfrentábamos a problemas familiares no resueltos o repetíamos patrones familiares negativos, igual que una bandera ondeando al viento.

En los últimos tiempos, una nueva rama de la ciencia llamada «epigenética» ha revelado que los traumas de una generación se transmiten a las siguientes. Si no se resuelven, pueden tener consecuencias físicas y emocionales funestas.

Para entender tu contribución a este inframundo, analiza los patrones destructivos que se han repetido en tu familia. Puede que veas los traumas de tus antepasados aflorar en tu propia vida en forma de problemas en las relaciones, de salud o económicos.

En 2020, incluso volvimos a experimentar el pasado pandémico de la humanidad. Sin embargo, la mayoría de la gente vive en este inframundo sin darse cuenta de su existencia. Se trata de «la cárcel invisible de los ancestros», una prisión en la que la mayoría de los presos ignoran que están.

Por supuesto, hay personas que han comprendido su herencia familiar y han decidido romper sus esquemas, o maldiciones, con esfuerzo y voluntad. Ahora tenemos que hacerlo a nivel colectivo. Puede parecer que el quinto inframundo afecta a toda la humanidad. Pero cabe la posibilidad de que los patrones ancestrales colectivos de dominación y explotación se rompan en el Nuevo Sol.

2018: El sexto inframundo

En la tradición tolteca, este inframundo es un lugar donde las bestias salvajes devoran nuestro corazón, causándonos un sufrimiento eterno. Se trata de una metáfora muy potente de las emociones destructivas. Si estamos llenos de ira, tristeza o culpa, tiene perfecto sentido.

Reflexiona un momento sobre las emociones que te han dominado este año. ¿Cuáles son? ¿Felicidad, compasión y amor? ¿O ira, miedo y resentimiento? ¿Cómo has contribuido a nivel personal al destino emocional colectivo? Si no ha sido como deseabas, no te culpes, pero proponte cambiar, soñar un nuevo sueño, empezar de nuevo.

2019: El séptimo inframundo

Este es un lugar donde nos cazan y nos hieren con flechas. Sin embargo, si evitamos que nos hieran, podemos escapar de la muerte.

¿Qué significa esto? Las flechas representan nuestras palabras. Por lo tanto, en este inframundo nos persiguen y nos hieren todas las palabras que hemos pronunciado sin sabiduría. Con «palabras» me refiero también a los pensamientos.

Antes de que pienses en tu aportación personal a este inframundo colectivo, me gustaría hacerte una pregunta de la tradición mexicana que me causó una gran impresión: «¿Qué usas cuando hablas o piensas, flores o flechas?». Pregúntate por el efecto que tus palabras y tus pensamientos tienen en ti y en los demás. ¿Tienen tus palabras el aroma de las flores o un tono belicoso e hiriente? Ahora podrás comprender tu contribución personal a este inframundo.

A nivel colectivo, el poder de las palabras y de los pensamientos es cada vez más palpable, ya que cada día hay más información disponible gracias a la tecnología. Esto debería ayudarnos a evolucionar; es decir, a aportar flores a nuestra vida individual y a la humanidad. Por otro lado, las amenazas y los ciberataques se han vuelto más comunes y el poder destructivo de las redes sociales es cada vez más evidente. Además, debemos tener en cuenta las flechas que parecen flores, pero que solo nos debilitan a nosotros e incluso a nuestra fe en la humanidad.

¿Qué prevalecerá, las flores o las flechas? Nos corresponde a nosotros decidirlo.

2020: El octavo inframundo

En la mitología tolteca, el octavo inframundo se describe como un lugar oscuro como boca de lobo, y cuando las personas o las almas se encuentran allí, no saben qué camino tomar. Es un inframundo de incertidumbre. Nada podría describir mejor el mundo en el que vivimos.

Es innegable que en estos momentos la humanidad está sumida en una incertidumbre absoluta. Todavía hay muchas personas que niegan lo evidente y se resisten a ver los cambios que se avecinan. Otros aceptan que habrá cambios, pero tienen miedo de ellos. Pero hay a quienes su ser interior les lleva a crear una nueva forma de vivir, repleta de felicidad y de armonía, y una nueva forma de mantenerse que ayude tanto a las personas como al planeta.

Ahora deberías empezar a analizar cuánto has estado aportando a este inframundo. Tienes que preguntarte: «¿Cómo he reaccionado a los acontecimientos actuales? ¿Me niego a cambiar o me adapto con alegría y aceptación?».

Además, todos deberíamos tomar nota de las elecciones políticas y los asuntos internacionales de los próximos años, porque entonces tendremos claro si, como conciencia colectiva, seguimos alineados con el Quinto Sol o nos abrimos al Sexto Sol.

Observando con atención el centro del calendario azteca (p. 24), no sabemos qué camino tomar ahora, inevitablemente habrá un gran cambio. Podemos ver que el Quinto Sol, que representa el movimiento, está situado en el centro del calendario, junto con los otros cuadrados que, como he mencionado antes, pueden significar muchas cosas diferentes, como los Soles anteriores. Si nos fijamos aún más, podemos ver un par de garras de águila justo en el medio de todos los cuadrados. Esto significa que hay que destruir lo viejo antes de que llegue lo nuevo. Así, la noche será destruida por la llegada del día y viceversa. El Sexto Sol destruirá al Quinto Sol, con su forma de vida; el Séptimo Sol destruirá al Sexto Sol, etc. Y así, en un ciclo eterno de destrucción y renovación. Por lo tanto, una cosa de la que podemos estar seguros es que habrá cambios.

2021: El noveno inframundo

Según la antigua, pero a la vez contemporánea, cosmología tolteca, el último inframundo es aquel en el que encontramos la paz, no solo en la muerte sino también en el reposo. Si nos detenemos a pensar durante un momento, nos daremos cuenta de que ya estamos bajo la influencia de este inframundo, debido al confinamiento que estamos viviendo. No se puede viajar, la actividad económica casi ha cesado e, incluso, las relaciones personales y familiares se han paralizado.

Al analizar tu relación personal con este inframundo solo tienes que preguntarte: «¿Estoy en paz conmigo mismo? ¿He sido capaz de aceptar lo que está pasando?». Si tu respuesta es «no», todavía tienes muchas lecciones que aprender antes de la llegada del Sexto Sol.

A pesar de que la Cuenta larga llegará a su fin con el eclipse lunar del 26 de mayo de 2021, la influencia de este inframundo no cesará hasta la llegada del Fuego Nuevo, el 24 de noviembre de 2026. Por lo tanto, aún estamos a tiempo de contribuir de forma positiva a los inframundos colectivos, tal y como trataremos en capítulos posteriores.

MIS INFRAMUNDOS

Para terminar este repaso de nuestro camino por los inframundos, coge un bolígrafo y un trozo de papel. Anota y recapitula lo que se ha abordado en este capítulo y vuelve a preguntarte:

- ¿Cuánto tiempo paso cada día con el teléfono, sin prestar atención al mundo interior o al exterior?

- ¿Qué patrones destructivos estoy repitiendo?

- ¿Qué adicción tengo al sufrimiento?

- ¿Tengo miedo a cambiar o soy demasiado perezoso? O ¿puede ser la falta de disciplina lo que me impide alcanzar mi máximo potencial?

- ¿Qué patrones familiares negativos estoy repitiendo?

- Mis palabras ¿son bellas o hirientes?

- ¿Sé adónde voy? ¿Estoy guiando el camino?

✿ ¿Estoy en paz conmigo mismo?

Cuando hayas terminado serás consciente del equipaje que llevas, tanto a nivel personal como en lo referente al legado colectivo de los Soles anteriores. Este será el material con el que trabajaremos más adelante en este libro.

EL PRESENTE INCIERTO

Después de comprobar la exactitud de la Cuenta larga tolteca, supe que tenía que escribir un nuevo libro para dar a conocer esta información. Así que me puse en contacto con mis editores, y en cuanto me dieron el visto bueno, lo primero que hice fue contactar con Hugo Nahui, ya que gran parte de la información que presento aquí procede de su enseñanza y linaje.

¡Qué bien recuerdo nuestra conversación! Tuvo lugar el 26 de abril de 2020. Acababa de impartir mi última clase antes de que el Gobierno mexicano limitara a un máximo de diez personas todas las reuniones e iba de regreso a Playa del Carmen, en el sureste de México, donde vivía en ese momento. Por primera vez me di cuenta de la magnitud de la transformación global en curso. El aeropuerto casi vacío, el distanciamiento social, la obligación de cubrirse la cara y las excesivas medidas de seguridad me perturbaron sobremanera. Rellenar un largo cuestionario de seguridad sobre mis contactos y actividades recientes y, por supuesto, que me tomaran la temperatura me hizo comprender que nos hallábamos ante un nuevo orden.

Con la mayoría de los vuelos cancelados y todas las tiendas y cafeterías cerradas, disponía de tiempo extra en el aeropuerto, así que me puse cómodo y llamé a mi gran maestro y amigo Hugo con mucho gusto. Para mi sorpresa, la situación mundial no le perturbaba lo más mínimo, sino que hasta le agradaba. ¿Por qué?

UN DESEQUILIBRIO GLOBAL

En primer lugar, Hugo y yo hablamos de las lecciones que me había dado hacía tantos años y de lo acertadas que habían sido sus predicciones. Le hablé del libro que estaba escribiendo y de las investigaciones que había realizado con anterioridad. Mientras miraba a mi alrededor, inquieto por el nuevo y extraño mundo en el que me encontraba, me recordó el efecto que los elementos sin equilibrio —Fuego, Viento (Aire), Agua y Tierra— tienen sobre la Tierra y sobre nosotros:

- Un desequilibrio del Fuego en los seres humanos produce ira, inflamación, cáncer y crecimientos anormales.

- Un desequilibrio del Viento produce problemas respiratorios, acarrea las consecuencias de actos a nivel personal y global, y causa dificultades para manifestar cualquier cosa en la vida.

❀ Un desequilibrio del Agua genera problemas emocionales, adicciones, sequías (situaciones de carestía), inundaciones (excesos de todo tipo) y granizo (situaciones destructivas), tanto a nivel personal como global.

❀ Por último, un desequilibrio de la Tierra, tanto de nuestra Tierra interior como de nuestra Madre Tierra, produce pobreza, infecciones y terremotos.

Todas estas cosas las había aprendido muchos años antes. Las había enseñado en muchos de mis cursos. Ahora me daba cuenta de que eran una preparación para comprender nuestra época actual y la situación extrema que vivimos. ¿Qué más podían enseñarnos los elementos?

En la antigua tradición tolteca hay cuatro Fuegos, cuatro Vientos, cuatro Tierras y cuatro Aguas. Tanto los Fuegos como los Vientos tienen tres tipos masculinos y uno femenino. Con las Aguas y las Tierras ocurre lo contrario. Por lo tanto, estos son los elementos que actualmente están más desequilibrados.

Tierra

Empecemos por la Tierra. La falta de equilibrio se manifiesta primero en la pobreza, que ha aumentado en todo el mundo en las últimas décadas, siendo la brecha entre ricos y pobres cada vez mayor.

Si no se reconoce y se aborda el desequilibrio durante esta primera etapa, como por supuesto no se ha hecho, pasa a un segundo nivel. Es entonces cuando surgen las infecciones. Hemos tenido muchos ejemplos, desde el sida y el ébola hasta la pandemia de coronavirus.

Si no cambiamos el rumbo que llevamos en este momento, caeremos en un estado prematuro de decadencia, con un enorme número de fallecimientos. Por lo tanto, espero de corazón que este libro, y otros con mensajes similares, nos lleven de vuelta a un camino saludable y restauren nuestra relación con el elemento Tierra.

Agua

En el caso del Agua, el principal componente de nuestra sangre, donde primero se ve el desequilibrio es en los problemas emocionales. Como he mencionado antes, estos se han intensificado últimamente. También es bien sabido que el tráfico de drogas ilegales ha aumentado en todo el mundo. El uso excesivo de sustancias psicotrópicas demuestra que el Agua se encuentra, a nivel personal y global, en un estado de auténtico desequilibrio.

A nivel global, también vemos este desequilibrio en las numerosas sequías, que reflejan una carestía colectiva; las inundaciones, que reflejan los excesos humanos, y las tormentas de granizo o nieve, que representan la destrucción.

Fuego

El Fuego no está tan desequilibrado como la Tierra y el Agua en la actualidad, pero eso no quiere decir que esté equilibrado. A nivel personal, un desequilibrio del Fuego se manifiesta primero como ira, que podemos ver que está en aumento hoy en día. Después se manifiesta como inflamaciones de todo tipo, hasta llegar al desarrollo del cáncer, que ya es una de las principales causas de muerte en todo el mundo.

A nivel mundial, hemos experimentado un aumento de los incendios devastadores en lugares como Australia y California, mientras que la falta de Fuego Femenino, uno de los cuatro tipos de Fuego, ha provocado el deterioro de las relaciones personales. Sin embargo, el Fuego de la sabiduría está aumentando, como puede verse en el número de personas que han despertado espiritualmente. Sin embargo, en otras personas se está extinguiendo sin parar. Así que, en general, se está creando una sociedad más dividida.

Viento

El viento también es uno de los elementos menos desequilibrados en este momento, pero eso está cambiando. Esto se debe a lo que está ocurriendo con los cuatro tipos diferentes de Viento: el Viento Rojo del Oeste, que purifica, está soplando con menos fuerza; el Viento Azul del Sur, que quita las espinas de nuestro camino, está casi bloqueado; el Viento Amarillo del Este, que trae buenos consejos y fortuna, lo sigue sintiendo un grupo de personas, pero el Viento Negro del Norte, el Fuego Negro, que trae la desgracia y el infortunio, ha desatado toda su fuerza en estos momentos.

Este desequilibrio en los elementos es la forma en que hemos llegado a 2020 y al inframundo de la oscuridad absoluta. Espero que esta explicación haya arrojado algo de luz sobre la situación.

Nuestros problemas actuales provienen principalmente del desequilibrio de la Tierra. El primer problema es la pobreza, que lleva tanto tiempo con nosotros que se considera una situación normal. Como no lo hemos abordado, hemos pasado al segundo nivel, por lo que nos enfrentamos a infecciones como la pandemia de coronavirus, a la que seguirán otras. Mientras tanto, la pobreza se extiende con una rapidez alarmante, con la pérdida de puestos de trabajo en todo el mundo. Si no resolvemos estos problemas, llegaremos al siguiente nivel: la decadencia prematura de la sociedad, seguida de muertes en masa.

Existe el riesgo de que este proceso de escalada ocurra no solo con la Tierra, sino con todos los elementos. Se parece mucho a la historia de los Cuatro Jinetes del Apocalipsis (en la que las figuras simbolizan los males de la conquista, la guerra, la hambruna y la peste que llegarán en el fin del mundo). Como me recordó Hugo, en la tradición nahua, cada ciclo se compone de cuatro pasos.

UN PROCESO DE TRANSFORMACIÓN EN CUATRO PASOS

Volviendo al casi desierto aeropuerto el 26 de abril, después de pasar la seguridad hablé de nuevo por teléfono con Hugo. Durante esta conversación le hablé de la exactitud de las profecías toltecas en la Cuenta larga y le pregunté si me podía ampliar la información. Aceptó de buen grado. Así es como obtuve un relato tan completo y preciso de lo que está sucediendo en la actualidad.

Hugo me dijo que según las predicciones que había recibido de su maestro, Esteban, la transformación que estábamos viviendo tendría, como era de esperar, cuatro pasos principales.

Paso 1: La esfera del miedo

El primer paso es lo que podríamos llamar la Esfera del Miedo. El miedo a las catástrofes, incluidas las pandemias, es antiguo y se basa en lo que la humanidad ha experimentado en el pasado. Es inherente a todos nosotros.

Podemos reaccionar a este miedo de dos maneras. La primera es cayendo en el cuarto inframundo: el inframundo del miedo al cambio, de la pereza y de la falta de disciplina. Parece que esto es justo lo que han hecho la mayoría de las personas de todo el mundo. Se quedan en casa viendo la televisión, esperando que se encuentre una cura o una vacuna y se reanude la vida normal. Esa vida se ha ido y el cambio es inevitable, pero no lo quieren afrontar. En su lugar, se aferran al mundo del Quinto Sol y se sienten desconcertados y estresados. Así que, a nivel colectivo, estamos viendo que las relaciones personales empiezan a deteriorarse, lo que produce un aumento de la violencia doméstica e, incluso, de la crueldad hacia los animales.

Por otro lado, también hay personas que han utilizado su miedo durante este tiempo de aislamiento como motivación para el desarrollo personal. Han evaluado de nuevo sus vidas y han hecho los cambios que han podido. Han buscado información y han comenzado a practicar la meditación y otras prácticas espirituales. Yo mismo he descubierto que, aunque no ha sido una época fácil y el confinamiento y la pérdida de libertad han supuesto un reto, no poder enseñar ni viajar me ha permitido repasar los fundamentos de mi práctica espiritual y cuidarme un poco más.

Paso 2: Desplome económico

El segundo paso en este proceso de transformación sería, según indicó Hugo, un desplome económico sin precedentes en el mundo moderno. Incluso mientras escribo se han perdido millones de puestos de trabajo en todo el mundo y muchos expertos predicen que la economía seguirá cayendo y es probable que el año 2021 sea un momento de agitación económica.

Al igual que la Esfera del Miedo, este proceso se puede experimentar de dos maneras completamente diferentes. La mayoría de la gente reaccionará con temor e inmovilidad, esperando que el Gobierno les apoye o les resuelva la situación. Otros se adaptarán, innovarán, desarrollarán nuevas fuentes de ingresos, se harán autónomos y crearán nuevos puestos de trabajo para otras personas, convirtiendo la situación en una oportunidad para crear nuevas formas de mantenerse, a menudo más respetuosas con el medio ambiente. La capacidad de adaptación es una de las mejores cualidades de las personas del Sexto Sol, ya que se trata de un Sol nocturno y los cambios realizados en sueños se manifiestan casi al instante. Así pues, estos emprendedores y visionarios se mueven con los tiempos, hacia el Sexto Sol.

Paso 3: Una gran revolución tecnológica

El tercer paso de esta gran transformación es el que para mí ofrece posibilidades tan interesantes como alarmantes. Como ya se ha mencionado, la influencia del Sexto Sol comenzó con una gran revolución tecnológica. Para entender cómo puede progresar, es necesario recapitular brevemente las características de los Soles diurnos y nocturnos:

Soles de día: Durante estos Soles, al igual que cuando estamos despiertos con los ojos abiertos, nos centramos sobre todo en el mundo exterior, lo que crea tradiciones y tendencias en el colectivo. Nos resulta fácil seguir creencias colectivas, como que Dios es una energía externa que puede escuchar nuestras plegarias o curarnos. También nos resulta fácil buscar la satisfacción en el mundo exterior. De ahí vienen la ambición, la necesidad y la lucha por poseer más.

Soles de noche: Hablando desde un punto de vista metafórico, durante estos Soles estamos durmiendo. Nuestra visión externa se suspende de forma temporal y nos volvemos hacia dentro, escuchando la voz interior que nos ayuda a comprender nuestra psique, nuestros inframundos y si estamos sufriendo o no. Si hemos emprendido un desarrollo espiritual, podemos tener sueños lúcidos y comprender que el origen de muchas de nuestras experiencias de vigilia está en nuestros sueños. Si vamos más allá, podemos ver la mente antes que la materia, nuestra verdadera naturaleza detrás de nuestra apariencia externa y escapar de nuestro reflejo o de la ilusión que tenemos delante.

Ya hemos visto que estamos pasando de un Sol diurno a uno nocturno y nuestro cambio de percepción ha sido gradual, a través de la tecnología. Hoy en día los ordenadores y los teléfonos móviles son el principal punto de contacto de muchas personas con el mundo. Pero, como me dijo Hugo esa tarde: «A consecuencia de la actividad solar y de otros factores importantes, la tecnología empezará a fallar cada vez con más frecuencia».

Tengo que decir que he experimentado en mis propias carnes que las redes de telefonía móvil y la banca *online* se volvieron menos fiables durante la pandemia de coronavirus. Según Hugo, esto continuará hasta que llegue un momento en el que fallen por completo. Desde el punto de vista espiritual, esto demostrará a las personas que han depositado todas sus esperanzas en un futuro tecnológico que la tecnología no es la solución. Además, el hecho de no poder mirar más allá de sí mismos a través de los dispositivos tecnológicos les obligará a mirar hacia dentro. Esto será duro para muchos, pero como especie, podría brindarnos grandes oportunidades para adaptar nuestra mentalidad colectiva y ver, por fin, la verdad de que la mente está antes que la materia. Esto, a su vez, podría poner fin a ideas absurdas como el racismo y la desigualdad de género y permitirnos trabajar para vivir en paz en nuestro hermoso planeta.

Si esto no sucede, y no se logra la igualdad entre ciertos grupos de poder y el resto del mundo, hay descabellados rumores según los cuales a las personas versadas en el conocimiento y las prácticas de las civilizaciones antiguas se las podría obligar a trabajar con el Sol para destruir los satélites y otras formas de tecnología que controlan las poblaciones y salvar el planeta de la aniquilación.

Paso 4: Días de furia

Hugo mencionó que la ira, la violencia, los disturbios y los saqueos aumentarían al final del Quinto Sol: el Sol de la Furia. Por supuesto, en los pocos meses transcurridos desde nuestra conversación hemos sido testigos de protestas masivas en nombre de la justicia racial y los disturbios, los saqueos y el caos aumentan cada día que pasa. No sabemos dónde acabará todo esto.

Por otro lado, estoy viendo un fenómeno muy diferente que se produce al mismo tiempo y con mucha menos publicidad. Durante el confinamiento, muchas personas han encontrado paz, serenidad y alegría en las cosas sencillas de la vida, desde el repiqueteo de la lluvia hasta las pequeñas reuniones de amigos y familiares. Esto es muy alentador y a la larga podría llevar a comunidades autosuficientes que vivan en armonía.

En esto podemos observar claramente los dos Soles expresándose: el Quinto Sol por medio de la furia y la destrucción; el Sexto por medio de la serena armonía. Pregúntate qué Sol te influye más…

Un último reconocimiento

Por último, Hugo mencionó una profecía más. Era algo que ya había oído muchas veces: que las autoridades comenzarían a admitir la existencia de razas extraterrestres.

Algún tiempo después, la NASA comenzó a publicar material relativo a los avistamientos de ovnis. Esto confirmó una vez más que las antiguas profecías eran ciertas.

Así pues, ¿qué fue lo que los toltecas y los aztecas vieron escrito en las estrellas? ¿Qué sucederá en el futuro? ¿Qué vendrá?

UN NUEVO CICLO

La Cuenta larga terminará con el eclipse lunar del 26 de mayo de 2021, pero su influencia se extenderá al menos hasta la ceremonia del Fuego Nuevo el 24 de noviembre de 2026.

Antes de eso se producirán varios acontecimientos cósmicos. Mientras escribo, aún no ha llegado el afelio de julio de 2020, que coincide con un eclipse lunar. El afelio es el punto de la órbita de la Tierra en el que está más alejada del Sol, por lo que es el punto más oscuro. Después de la Tierra, la segunda fuerza femenina más poderosa en la cosmología tolteca es Yohualpa, la noche. Los físicos describen la oscuridad como una fuerza que absorbe y transforma todo lo que es atraído por ella, y aunque todavía no nos hemos dado cuenta, cuando estamos en el sueño profundo de las ondas Delta, la oscuridad nos está purificando.

Además, el Sol en esta posición marca el reconocimiento y el auge de lo divino femenino en este planeta. Por lo tanto, Yohualpa será selectivo por primera vez: en otras palabras, la oscuridad no purificará a quienes se nieguen a aceptar la igualdad de género y a respetar la Tierra. En consecuencia, habrá una polaridad aún mayor entre las personas que se adaptarán a las nuevas condiciones y comenzarán a vivir de forma sana y pacífica y las que se aferrarán a lo que conocen y sufrirán adversidades, no solo a causa de la pandemia, sino también de sus pensamientos y sentimientos intransigentes e intolerantes.

A finales de este año, la Iglesia católica y otras augustas instituciones, en un intento de aferrarse al poder, celebrarán un importante concilio y planean permitir que las mujeres y otras minorías ocupen altos cargos. Sin embargo, un amplio sector de la población, incluidos muchos empresarios importantes, se opondrá a estos cambios, provocando fricciones en todo el mundo, ya que si no se toman estas medidas, la recuperación se verá paralizada no solo por la pandemia, sino también por el estancamiento de la economía.

Así, según las profecías, llegaremos al eclipse lunar de 2021, que marca el inicio del camino a través de los cielos que conduce a un nuevo ciclo.

EL CAMINO A TRAVÉS DE LOS CIELOS

2021-2022: El Primer Cielo, el Cielo de la Luna, los Vientos y las Aguas

Este año nos enfrentaremos a retos difíciles. En primer lugar, el Viento Negro del Norte, causante de enfermedades y crisis económicas, seguirá afectándonos, impidiendo que el Viento Azul del Sur elimine las espinas de nuestro camino.

Sin embargo, si un buen número de personas comienza a aceptar la esencia femenina sagrada de la Luna y el mundo de los sueños, junto con el Viento Rojo purificador de Occidente, comenzaremos a presenciar condiciones más favorables, así como el comienzo de un nuevo equilibrio de las energías masculinas y femeninas en el planeta.

2022-2023: El Segundo Cielo, el Cielo del Sol

Este año será fundamental para determinar la influencia del próximo Sol a nivel humano. Por supuesto, esto dependerá por completo de las decisiones que tomen previamente los líderes mundiales y de la evolución de la conciencia colectiva de la humanidad.

Según los antiguos toltecas había dos soles del todo diferentes: el Sol de Quetzalcóatl, que animaba a la gente a desarrollarse espiritualmente, y el Sol de Tezcatlipoca, que les enseñaba duras lecciones por medio del hambre, las desgracias y la guerra. Esto guarda similitud con el hecho de que la diosa solar egipcia Sejmet podía otorgar la peste, las dificultades y las desgracias o la nueva vida al faraón y al pueblo egipcio.

Este año, la conciencia colectiva de la humanidad decidirá si el Sol de Tezcatlipoca traerá nuevas pandemias o guerras o si el Sol de Quetzalcóatl nos dará un respiro. Por lo tanto, este puede ser un año en el que suframos otra pandemia o una gran guerra, o en el que empecemos a recuperarnos.

2023-2024: El Tercer Cielo, el Cielo de Venus y de las Pléyades

Este año será crucial en el desarrollo de una nueva visión del mundo, porque inevitablemente las mujeres buscarán la igualdad y se negarán a que se las siga tratando como objetos sexuales o fábricas de bebés, debido a la influencia del planeta Venus.

En la cultura tolteca, a la «Venus del atardecer», la estrella de la tarde, se la consideraba la estrella del *nahual*, el mundo de los sueños. Así pues, este será el año en el que la joya oculta de todas las tradiciones, el poder de los sueños, se revele al mundo en general y por fin todos comprenderán que estamos formados por dos partes: la mente consciente de nuestro estado de vigilia y la mente inconsciente de nuestros sueños. Empezaremos a entrenar los sueños juntos, de la misma manera que en el presente vamos a clases de yoga o a meditación.

Por desgracia, la ubicación de nuestro Sol este año con respecto a las Pléyades hará que la gente se aferre al mundo del Quinto Sol, lo que provocará muchas muertes por culpa de las guerras, la depresión económica y la pérdida de cosechas debido a las plagas. Estas personas estarán destinadas a volver en linajes que se han adaptado al nuevo orden y cuya genética les facilitará los cambios que no pudieron hacer en su vida anterior.

2023-2024: El Cuarto Cielo, el Cielo de las Estrellas

Se refiere al nacimiento de un hijo/sol o ser iluminado de una madre virgen. Esta es una historia que se encuentra en muchas culturas. En la versión mexicana, Tonantzin, la Madre Tierra, estaba barriendo en el Cerro de la Serpiente, es decir, la tierra, cuando de repente una pluma la penetró, dejándola embarazada de Huitzilopochtli, el Sol naciente. Cuando la Luna y sus hermanas las estrellas supieron que su madre estaba embarazada, se pusieron celosas y decidieron matarla para impedir el nacimiento del Nuevo Sol. La Madre Tierra estaba muy preocupada por esta conspiración, pero entonces oyó una voz que salía de su vientre y le decía: «No te preocupes, yo te defenderé». Entonces, cuando la Luna llegó con sus hermanas para asesinar a la Madre Tierra, surgió el Sol naciente, y con una serpiente de fuego, derrotó a la Luna y a las estrellas. Esto simboliza el triunfo del Sol cada mañana sobre la Luna y las estrellas. También simboliza el triunfo de los Soles masculinos (diurnos) sobre los Soles femeninos (nocturnos). Como hemos visto, estos se alternan, imponiéndose el uno al otro en un ciclo continuo.

Hablando desde un punto de vista metafórico, será durante estos años cuando la Luna y las estrellas derroten al Sol, marcando el inicio del reinado del Sol Femenino, la noche y el mundo de los sueños.

A nivel mundial, se establecerá un sistema económico más sostenible y respetuoso con el medio ambiente. Surgirán nuevas formas de espiritualidad que incluyan a la Diosa y a la naturaleza, así como comunidades más autosuficientes. Sin embargo, lo irónico es que estos acontecimientos generarán aún más conflictos debido a la resistencia de las corporaciones y otros viejos sistemas económicos y formas de pensar.

2024-2025: El Quinto Cielo, el Cielo de los Cometas y de las Estrellas fugaces

Para los antiguos mexicanos, este Cielo indicaba que todo en el universo estaba en constante movimiento; un concepto que parece normal hoy en día. Sin embargo, si lo pensamos bien, este Cielo lo plantearon culturas que existieron hace miles de años, e incluso hace 500 años la visión europea seguía siendo la geocéntrica, según la cual todo giraba alrededor de la Tierra.

Para nosotros, este será un año de movimiento, un año imprevisible de cambios repentinos y espectaculares. Se prevé que a finales de año habrá terremotos, mucho sufrimiento y el mundo entero se verá obligado a cambiar o a perecer.

2025-2026: El Sexto Cielo, el Cielo del Movimiento

Para las antiguas culturas mexicanas, el universo es un movimiento creado en la mente del Águila Negra, Centeotl, o Dios, que se basa de manera forzosa en el número cuatro. Ese movimiento cósmico traerá este año la undécima ceremonia del Fuego Nuevo. Esta ceremonia tiene lugar cada 52 años y marca la alineación perfecta del Cinturón de Orión y de las Pléyades, que es el comienzo de un nuevo ciclo. Tendrá lugar el 24 de noviembre de 2026.

Así pues, este será el año en el que, ya sea de forma armoniosa y pacífica o a la fuerza, por medio de la agitación y del caos, aceptaremos el nuevo mundo del Sexto Sol; un mundo de igualdad de género, un mundo de centrarse en el interior en lugar de en el exterior, un mundo en el que afrontar y resolver los problemas de nuestros inframundos será nuestra única forma de sobrevivir.

2026-2027: El Séptimo Cielo, el Cielo Blanco o el Cielo de la Luna

Y así llegaremos al primer año del Sexto Sol, el que tendrá mayor impacto en el ciclo posterior.

Este año está bajo la influencia del Séptimo Cielo y este Cielo se rige por la Luna, por lo que aquellos que sean capaces de tener sueños lúcidos no solo podrán crear su propia realidad desde el estado de sueño, sino que además podrán realizar hazañas extraordinarias. Esta es la razón por la que a este Sol se le conoce como «el retorno de los Quequetzalcóatl», aquellos con valiosos conocimientos, aquellos que han despertado a nivel espiritual.

Capítulo 5

EL RELOJ ETERNO

Una interpretación errónea del calendario maya era que el final de la Cuenta larga significaba el fin del mundo. Pero el fin de un ciclo no significa necesariamente grandes cataclismos o extinciones masivas, aunque esto haya sucedido con anterioridad, como demostrará cualquier búsqueda de información sobre la extinción de los dinosaurios. He querido escribir este capítulo para que quede claro que el fin del Quinto Sol no es el fin del mundo, sino una transición de un ciclo a otro, basado en un orden matemático y astronómico en el que se especializaron los antiguos pobladores de México.

Desde joven he escuchado el dicho: «Dios debe de ser un matemático». Al contemplar el cosmos, esto parece muy cierto. La precisión de las matemáticas celestes hace que la existencia en este planeta sea cíclica y repetitiva, pero al mismo tiempo nueva y maravillosa. Es como estar en una prisión invisible de alineaciones que crean condiciones similares, pero con la libertad de hacer algo diferente con ellas cada vez. El matemático nos otorga libre albedrío.

SOLES FUTUROS, MUNDOS FUTUROS

Basándonos en la naturaleza matemática y cíclica del universo, podemos hacer algunas predicciones para el futuro lejano basadas en la posición del Sol en relación a las Pléyades.

El Séptimo Sol

Dentro de 6.625 años entraremos en el Séptimo Sol, que reina desde el amanecer hasta el mediodía. Por lo tanto, al comenzar, al despuntar el alba, conquistaremos nuestras debilidades y superaremos nuestras limitaciones para lograr cosas que ahora son inimaginables para nosotros. Esto también se puede prever mediante la numerología: la palabra para «siete» en la lengua náhuatl significa 'el poder de las dos energías unidas', de modo que la creatividad será un punto fuerte en este Sol.

Los únicos problemas que podrían presentarse son que, al tratarse de un Sol predominantemente masculino, la igualdad de género podría verse amenazada, y como tendrá algunas similitudes con el Tercer Sol, con su exceso de ego, cabría la posibilidad de una guerra. Sin embargo, como suele decirse, «Si aprendes del pasado, no lo repetirás», por lo que es posible que los acontecimientos del Tercer Sol puedan evitarse en lugar de repetirse.

El Octavo Sol

Miles de años después llegará el Octavo Sol, el Sol de Oro, que reinará desde el mediodía hasta el atardecer. Al principio, estará bajo la influencia de la energía masculina y habrá una cultura tecnológica muy sofisticada, pero poco a poco, bajo la influencia del número ocho, que en náhuatl significa «el poder del torrente sanguíneo», aparecerá un conocimiento más espiritual. Sin embargo, debido a la naturaleza del número ocho y al legado del Cuarto Sol, podría haber grandes matanzas, como ocurrió en la Antigüedad cuando hubo un cambio de creencias. Sin embargo, si evitamos esto, cabe la posibilidad de que veamos más allá de la ilusión del mundo material y aceptemos por fin la existencia de un mundo espiritual.

El Noveno Sol

Cuando demos este gran paso colectivo hacia delante, llegará el Noveno Sol. A este se le conoce como «el Cielo Azul». Durante este Sol, seremos capaces de conectar con lo que muchas tradiciones antiguas llamaban nuestro «guía estelar». Esto no se refería de forma literal a una estrella en el cosmos, sino a la influencia estelar correspondiente a nuestro nivel más alto de conciencia, por lo que esto significa que al fin alcanzaremos la iluminación. Sin embargo, aquellos que no lo acepten perecerán.

Este también podría ser un Sol muy complejo. Reina desde la puesta de sol hasta la medianoche, al igual que el Sol que está llegando a su fin, pero, como lleva el número nueve, el número de los inframundos, si en años anteriores no hemos aprendido la lección, podría ser un Sol repleto de destrucción y de sufrimiento. Sin embargo, tal y como ya se ha mencionado, el reloj cósmico establece las condiciones, y de nosotros depende que las aprovechemos o no.

El Décimo Sol

Siguiendo el movimiento de ese reloj eterno, llegamos de nuevo al Sol de medianoche, que da poder a lo femenino, pero el número diez es mucho más benévolo que el número seis, y además podríamos beneficiarnos del legado del retorno de los Quequetzalcóatl, por lo que este Sol podría estar lleno de *tlazohteotl*, la fuerza y el amor femeninos.

En los siguientes milenios, esto llevará a la raza humana al Décimo Cielo, el Cielo Rojo. Se ha descrito como el retorno al vientre materno, donde nosotros, como seres humanos de nivel Quetzalcóatl, somos concebidos por otros dos seres humanos de nivel Quetzalcóatl, es decir, dos seres iluminados invitarán a otro ser iluminado a venir al mundo.

Las posibilidades de una tierra poblada por seres tan evolucionados son inimaginables.

El Undécimo Sol

Y así los días se repiten en la mente del Águila, y los Soles se repiten, por lo que tenemos de nuevo un Sol del amanecer, con la energía masculina filtrada esta vez por el número 11, que indica un nuevo comienzo, por lo que creo que durante este Sol la energía masculina podría finalmente ser utilizada de forma equilibrada y respetuosa.

Durante los siguientes milenios, también podemos esperar el comienzo del Undécimo Cielo. Este es el lugar donde viven los dioses. Todos nosotros tendremos que aceptar la muerte de los dioses, que ha sido pronosticada en varias religiones orientales, pero al mismo tiempo, tendremos que aceptar nuestra igualdad con lo divino. Esta es una de las profecías que espero que se cumplan durante este Sol.

El Duodécimo Sol

Aunque faltan miles de años, si pudiera elegir, sin duda elegiría volver a la Tierra del Duodécimo Sol, el Sol del mediodía, el punto en el que no habrá sombras y las condiciones serán perfectas para una Edad de Oro.

Durante esta era, la raza humana entrará en el Duodécimo Cielo, el Cielo de Ometecuhtli y Omecihuatl, el Señor y la Señora Dos, que simbolizan el poder de la creación. En este nivel, el planeta evolucionará con nosotros.

El Decimotercer Sol

Por último, llegaremos al Decimotercer Sol, es decir, entraremos en la mente de Dios, el Águila Negra, Centeotl, para crear universos paralelos y experimentar una expansión de conciencia difícil de describir.

Terminaremos este breve relato profético en este punto, donde como especie podemos optar por emprender lecciones más avanzadas en otras partes del universo antes de que la cuenta vuelva al número uno. Así será, pues el proceso es cíclico, y cuando la posición de la Tierra en el cosmos cambie una vez más, todo volverá a empezar desde el principio, con el Primer Sol.

Por eso nuestro destino está escrito en los cielos, que los antiguos toltecas sabían leer.

Capítulo 6

EL DESPERTAR DE LA MUJER BLANCA Y EL ENCUENTRO CON LA DAMA NEGRA

El año pasado, el Iztaccíhuatl, 'la mujer blanca', el tercer volcán más alto de México, despertó de un sueño milenario y entró en erupción, simbolizando la influencia cada vez mayor del Sexto Sol. Esa influencia es ahora imparable y la conciencia planetaria está cambiando a un ritmo impresionante.

EL DECLIVE DE LA MUJER

El principal desequilibrio que venimos arrastrando desde el Quinto Sol es el cuchillo pedernal de la injusticia. Esto comenzó con la deshonra de las principales fuerzas femeninas, siendo la primera la propia Tierra. Con el transcurso de los años, la mayoría pasó a ver nuestro hermoso planeta, que antes se consideraba sagrado, como algo inerte que se podía explotar sin ningún respeto ni gratitud.

La segunda fuerza femenina que cayó en el olvido fue la noche, la oscuridad. Se la consideró el origen del mal, aunque la Biblia afirma que fue de las tinieblas de donde nació la luz. Así que la primera madre, la madre cósmica, también fue ignorada y olvidada. También se deshonró a la Luna, pues se la consideraba una influencia nefasta que convertía a las personas en «lunáticas» e inspiraba a brujas, a paganos y a otras personas peligrosas y de mala reputación que decidían permanecer en contacto con el mundo natural.

A continuación se produjo el declive de las mujeres en general, basada en la historia bíblica de Eva tentando a Adán y, por lo tanto, siendo la culpable de su expulsión del Jardín del Edén. Las mujeres eran malas, no se podía confiar en ellas, eran el sexo débil, solo aptas para tener hijos y satisfacer los deseos de los hombres. Y la serpiente, el antiguo símbolo de la curación, la evolución y la Tierra, se convirtió en la fuente del pecado y la perdición de la humanidad.

Tras el sometimiento de lo femenino por parte de las religiones, gobiernos y culturas patriarcales, las minorías de todo tipo también fueron objeto de discriminación y de abusos.

Era del todo lógico para un grupo que quería mantener a los demás sometidos y en la ignorancia.

Pero las cosas están cambiando. Al principio del libro señalamos que el último *tlahtoani* de los aztecas, Cuauhtémoc, les ordenó que guardaran su tesoro para el Sexto Sol. Aceptaron que la conciencia de Mesoamérica dormiría durante quinientos años y luego volvería a despertar. Así pues, ¿qué era esa conciencia? ¿Qué era ese tesoro?

En primer lugar, en aquella época no se había dado ningún declive de lo femenino en la cultura mesoamericana. La cosmología imperante afirmaba que la energía primaria, Centeotl, se dividía en dos —la fuerza masculina y la femenina, Ometecuhtli y Omecihuatl— y sus hijos o fuerzas rectoras, a los que más tarde se consideró dioses, tenían nombres masculinos y femeninos. Los pocos que eran solo masculinos poseían una dualidad femenina que tenía la misma importancia. Por lo tanto, como las fuerzas femeninas no habían caído, tampoco las mujeres. El culto a la Tierra, a la Luna y a la noche era tan importante como el culto al Sol, y aunque la historia posterior habla de sociedades patriarcales, muchos de los propios textos de los conquistadores muestran respeto a las mujeres y a los homosexuales y a la existencia de gobernantes masculinos y femeninos y de guerreros jaguares y águilas.

La prueba definitiva de que no se produjo el declive de lo femenino en Centroamérica guarda relación con el hecho de que un desequilibrio del elemento Tierra se manifiesta por medio de infecciones y pandemias. Como es lógico, cabe suponer que esto no fue un problema para los antiguos mexicanos, porque no fue hasta la llegada de los europeos cuando aparecieron enfermedades como la sífilis y la viruela, que aniquiló al noventa por ciento de la población. De haber existido el mismo problema en México, los europeos se habrían visto expuestos a epidemias que habrían mermado sus ejércitos y poblaciones. El hecho de que esto no ocurriera demuestra que había igualdad entre la energía masculina y la femenina en América. Este no ha sido el caso durante al menos quinientos años, pero con el Sexto Sol, debe haber una reconciliación y un nuevo equilibrio entre las fuerzas.

Por desgracia, algunos países pueden oponerse a esto y es posible que sean países que tienen una gran fuerza económica, por lo que podrían librarse guerras a causa de esta igualdad en el ámbito económico. La conciencia colectiva de la humanidad podría ver esta lucha como una fatalidad. Sin embargo, habrá individuos que podrán separar su destino personal del que experimentará la mayoría de la humanidad reconciliando lo masculino y lo femenino dentro de sí mismos. Se trata de un primer paso necesario para el retorno del preciado conocimiento.

NUESTRA MADRE CÓSMICA OSCURA

Para comenzar nuestra adaptación al Sexto Sol debemos admitir que en la tradición tolteca se considera que la energía primaria de la creación, Centeotl, el Águila Negra, es ante todo femenina y la representa principalmente la oscuridad, la noche. Así que, lo mismo que en la Biblia, de la oscuridad surgió la luz; la oscuridad era la madre cósmica. Honrarla significa honrar las energías y los acontecimientos de la noche, por ejemplo la Luna, que es regente principal del cambio, incluyendo la vida y la muerte en la Tierra, y por supuesto el sueño, que es la etapa intermedia entre la energía primaria de la creación y lo que llamamos «materia».

Así pues, la noche fue la primera fuerza con la que se aliaron los antiguos practicantes del nahualismo, las personas poderosas del México antiguo. Aunque nadie registró esta amistad, los cronistas españoles mencionaron que los gobernantes aztecas tenían como dios principal a Tezcatlipoca Negro, o Espejo Humeante, que se refiere a un espejo de obsidiana, una piedra volcánica completamente negra. Este dios fue descrito posteriormente como la fuerza que traía la fortuna o la desgracia y se asociaba con el inconsciente, las llamadas «cuevas de la mente», ocultas en su interior.

Los antiguos tenían un conocimiento mucho mayor de la conciencia primaria que hay detrás de todo lo que existe. Por eso, muchos dichos antiguos, como «Si la montaña no viene a Mahoma, entonces Mahoma debe ir a la montaña», se refieren a que características naturales como las montañas tienen una conciencia en un universo vivo más allá de los límites de la percepción humana. Algunas personas han experimentado esto por medio del poder curativo de las plantas, pero tú puedes experimentarlo con solo abrir tu mente. Despierta al Sol de medianoche, recuerda que la oscuridad te permite mirar lo que la luz oculta y tu percepción aumentará. Esto es algo que muchas personas desarrollarán de forma natural y llegará a considerarse algo normal.

En las culturas nahuas, la noche se llama Yohualli, pero la conciencia detrás de la noche, la dama negra que representa a la madre cósmica, se llama Yohualpa. (Para los que han estudiado previamente conmigo, vale la pena mencionar que la dama negra también puede llamarse Coatlicue, refiriéndose a la capacidad de la Tierra de crear y destruir. Pero la dama negra que representa a la madre cósmica es la principal.) En otras culturas, como la andina, esta conciencia se conoce como «la luz negra sagrada», o Wilkan'usta. Con el despertar de la mujer blanca, debemos reconciliarnos con la dama de la noche, la dama negra.

En el mundo antiguo había ciertas prácticas para introducir a la gente en esta fuerza. Una de ellas consistía en caminar de un lugar a otro y viceversa a un ritmo constante, golpeando el suelo con los dedos y los talones. Esto activaba los centros energéticos de los pies, y si eran varias personas las que se sometían a esta iniciación al mismo tiempo, el sonido de sus pies en el suelo se asemejaba al de los tambores. Manteniendo el ritmo, se movían de un lado a otro a una velocidad considerable, casi trotando, hasta que el sonido de sus pies golpeando el suelo les hacía caer en una especie de trance, un estado alterado de conciencia en el que accedían al espacio entre sus pensamientos.

Para ponerse en contacto con la madre cósmica, realizaban este movimiento rítmico durante al menos media hora, luego se colocaban en un lugar y se presentaban a la dama de la noche de forma respetuosa, diciendo: «Soy [nombre]. Soy fuerza y poder, soy fuente y emanación».

Luego bajaban la cabeza para compartir la emanación de su chakra de la corona, uno de los centros energéticos del cuerpo, que en las culturas nahua se llaman *totonalcayos*.

Mientras compartían su energía con la noche durante unos momentos, pedían a Yohualpa que se presentara ante ellos como la fuerza que absorbía todo lo que ya no necesitaban, eliminaba sus obstáculos y facilitaba el cambio, diciendo: «Yohualpa, xihualhui [xi-ual-ui]» ('ven'), que es una forma de invocar con respeto a las fuerzas y energías en náhuatl antiguo.

Esperaban un momento y deslizaban un poco los ojos hacia los extremos de su campo de visión, es decir, el ojo izquierdo hacia la izquierda y el derecho, hacia la derecha. Eran culturas acostumbradas a ver el mundo desde otra perspectiva y a veces veían una silueta negra delante de ellos, una silueta de mujer, como una de las Vírgenes Negras tan populares en ciertas zonas y entre ciertos grupos de poder. Una vez que esta dama negra se presentaba, lo primero que los antiguos hacían era ofrecerle sus problemas, sus enfermedades, sus bloqueos, sus desequilibrios y su pasado, diciendo, ya sea con la mente o en voz alta: «Te ofrezco mi depresión, mi pobreza, mi hipertensión, etc.».

Ahora se sabe científicamente que el color negro absorbe, mientras que los colores claros irradian. Por lo tanto, es lógico que una fuerza oscura empezara a succionar, como una aspiradora o un agujero negro, todo lo que estas personas no necesitaban, todas sus enfermedades y problemas, conservando al mismo tiempo su amistad.

Después comenzaban a caminar de nuevo, trotando rápidamente para recuperar el estado de trance. Entonces volvían a detenerse para llamar a Yohualpa, pero en esta ocasión para pedirle, como su madre creadora cósmica, las cosas que querían que llegaran a su vida.

Esta era la práctica tradicional, pero como mi trabajo consiste en hacer accesible el conocimiento antiguo al mundo moderno, lo compartiré de la forma en que ahora lo hago con mis alumnos.

CONEXIÓN CON LA MADRE CÓSMICA

Este ejercicio te proporcionará una alianza con la principal fuerza femenina, la madre cósmica, que te reconocerá para siempre y te otorgará el poder de destruir lo que ya no te sirva y de crear lo que te acerque a tu divinidad lo más posible. Dado que la noche es la energía con la que te conectas, haz este ejercicio por la noche.

- Siéntate con comodidad en un lugar tranquilo.

- Empieza inspirando por la nariz mientras cuentas hasta nueve, el número asociado a la oscuridad y a la noche, y exhalando por la boca mientras cuentas hasta nueve. La respiración crea un ritmo armonioso en todo el cuerpo, al igual que trotar alternando las puntas de los pies y los talones.

- Repite este ciclo de respiración dieciocho veces: nueve para la fuerza de creación y nueve para la fuerza de destrucción.

- En tu mente, pídele a Yohualpa, la esencia de la creación, la oscuridad de la que surgió la luz, que venga a ti como la fuerza que libera, absorbe y destruye diciendo: «Yohualpa, *xihualhui* [xi-ual-ui]», o «Ven», cuatro veces. Si quieres agitar una maraca o hacer algún sonido, entonces tu mente asociará este sonido con la invocación de la energía.

- La sentirás venir, aunque quizá no al principio, como una presencia, una sensación de hormigueo o un cambio de la temperatura. Si quieres, puedes intentar verla como lo hacían los antiguos, con tu visión periférica. Algunos la verán desde el principio y otros con el paso del tiempo, pero el objetivo no es tener una experiencia visual, sino presentarte a la madre cósmica.

- Preséntate y ofrece respeto a esta fuerza creativa diciendo: «Yo soy [nombre]. Soy la fuerza y el poder, soy la fuente y emano».

- En tu mente, ofrécele a la madre cósmica tus enfermedades, problemas, acontecimientos traumáticos del pasado, Viejos vientos o karma; todo lo que no quieres en tu vida. No hay que preocuparse por esto; las fuerzas cósmicas no piensan como nosotros y no es malo ofrecerle a la madre cósmica tu sufrimiento, ya que ella creó todo lo que consideramos bueno y malo sin juzgarlo. Por lo tanto, ofrece todo lo que puedas: cuanto más amplia sea la ofrenda, más beneficios recibirás. No olvides ofrecer toda la energía del Quinto Sol que no te sea útil en esta transición. También puedes ofrecer cosas del colectivo, como pandemias, y otras cosas que están haciendo sufrir a la gente, para que la transición general al Nuevo Sol sea más armoniosa.

✺ Las fuerzas creativas son muy respetuosas y no harán nada sin tu autorización, así que dala ahora diciendo: «Acepto que tomes mi ofrenda».

✺ Inspira y exhala de manera constante para que puedas liberar todo lo que has ofrecido, todo lo que se ha acumulado en tu mente, en tu alma, en tu sueño, en tu cuerpo. Deja que todo desaparezca. Siente que es absorbido por un vórtice de energía, como una aspiradora o un agujero negro. Se lo lleva una madre que cuida a un hijo o hija que se está sanando y recordando.

✺ Cuando sientas que lo has dado todo, da las gracias a la madre cósmica y pide que parte de tu ofrenda te sea devuelta como una fuerza pura de destrucción, y que se deposite en tu lado derecho. Esto llenará los vacíos de tu aura y te dará poder para que luego, con solo cerrar los ojos y conectar con la oscuridad de tu interior, puedas destruir tus problemas y los de las personas que te importan. Esto será muy necesario en el Nuevo Sol.

❉ A continuación, repite el proceso de inspirar por la nariz contando hasta nueve y exhalar por la boca contando hasta nueve.

❉ Haz esto dieciocho veces para crear un ritmo armonioso y sincronizado con la fuerza de la noche.

❉ Y llama de nuevo a Yohualpa diciendo: «*Xihualhui*», o «Ven», cuatro veces.

❉ Siéntela como una presencia, una sensación de hormigueo o un cambio de temperatura o, si lo deseas, intenta verla. Si no puedes, no te preocupes. Como he dicho antes, este no es el objetivo principal del ejercicio.

❉ Una vez más, formula tu ofrenda, dándole a la madre cósmica tus problemas, tus angustias y todas las cosas pesadas que vienen a tu mente.

❉ Cuando hayas terminado, vuelve a decir: «Acepto que tomes mi ofrenda».

❉ Una vez más, siente que la madre cósmica comienza a eliminar todo lo que no te sirve. Acuérdate de inspirar y exhalar de forma constante para que puedas liberar todo lo que se ha acumulado en tu mente, en tu alma, en tu sueño y en tu cuerpo.

❉ Cuando sientas que has sido purificado, da las gracias y pide que parte de la ofrenda te sea devuelta como fuerza pura de creación y que sea depositada en tu lado izquierdo. Esto llenará los vacíos de tu aura y te dará poder para que luego puedas utilizarlo para crear —por medio de tus sueños, de tus pensamientos, de tu ser interior y de tus rituales— todo lo que quieras que llegue a tu vida y a la de aquellos a quienes aprecias, incluyendo una transición suave y pacífica hacia el Sexto Sol.

Realiza este ejercicio tan a menudo como puedas y estarás dando pasos hacia el Nuevo Sol. Recuerda que en el Quinto Sol, la fuerza creativa se ve como si estuviera fuera de ti en forma de un dios o dioses que crean para ti, pero en el Sexto Sol debe volver a ti, al igual que el poder de sanar. Tu amistad con tu madre cósmica oscura te ayudará en estos tiempos complejos y la completa oscuridad del inframundo en el que nos encontramos, aunque pueda ser confusa, puede de todas formas ser la fuente de la paz completa y la restauración de tu poder.

En los siguientes capítulos trataremos el estado de sueño y las otras fuerzas femeninas con las que debemos empezar a interactuar para convertirnos en los Quequetzalcóatl, las personas de preciado conocimiento.

Capítulo 7

EL VERDADERO TESORO DE MÉXICO

Nuestra amistad con la dama de la noche, o fuerza primordial, nos ofrece numerosas opciones para desarrollar nuestro poder de forma plena. En el capítulo anterior hemos mencionado el acceso a nuestro ser interior, el espacio entre nuestros pensamientos, y en este también abordaremos los rituales, pero es en nuestros sueños donde accederemos al mayor poder creativo y al control sobre nuestro estado de vigilia.

Cuando Hugo me conoció, yo sabía poco sobre la importancia del sueño y su poder creativo. Recuerdo que en sus clases insistía en que teníamos que soñar las cosas antes de que sucedieran. No lo creí de inmediato, aunque tampoco lo dudé. Simplemente estaba desconectado de mis sueños y de lo que en ellos ocurría.

Alrededor de un año después me presentó a su amigo, otro guardián de la identidad y la herencia mexicanas,

Xolotl, que me enseñó, entre otras muchas cosas, un linaje de prácticas oníricas toltecas que había documentado.

Recuerdo que cuando empezamos esas lecciones recitó un dicho teotihuacano: «Una persona que no recuerda sus sueños es un muerto viviente, porque no tiene control sobre su vida cuando está despierto».

Yo respondí, un tanto dubitativo: «Pero lo que comes, piensas, haces y dices también es importante».

Él me dijo: «Pero eso depende de lo que sueñes».

No podía confirmarlo ni negarlo, porque sencillamente no lo sabía. Apenas había empezado a explorar mis sueños. Pero cuando lo pensé, resultaba lógico que el sueño fuera lo primero, porque eso explicaría por qué en todos los idiomas del mundo había frases como: «La mujer de mis sueños», «La casa de mis sueños», «Mis vacaciones soñadas», «Mi peor pesadilla», etc.

En aquella época, mis conocimientos sobre el sueño eran bastante básicos, como los de la mayoría de la gente; lo mejor es dormir ocho horas cada noche, sin interrupciones y sin que te molesten los sueños.

Han pasado dieciséis años desde entonces; tiempo suficiente para estudiar el tema del sueño y entusiasmarme por él. Por medio de las lecciones que me dieron mis dos maestros y caminando por el mundo de los sueños, pronto pude confirmar personalmente la veracidad de las antiguas enseñanzas. Cuando tu forma de soñar cambia, tu forma de vida también lo hace, y el Sexto Sol nos lleva de la mano y nos conduce a ese entendimiento.

Pero siempre hay gente adelantada a su tiempo. Me enteré de que muchos líderes empresariales ya practicaban el sueño lúcido, que los visionarios de Silicon Valley lo utilizaban para «soñar» con nuevas tecnologías y que multitud de personas con altos cargos también lo utilizaban. De hecho, no era nada especial ni extraño y se conocía desde hacía mucho tiempo.

En la Biblia, los profetas habían recibido mensajes en sueños y un ángel fue enviado a San José en un sueño para asegurarle que podía casarse con la Virgen María, pues su hijo provenía de Dios. Grandes personajes históricos como Leonardo da Vinci habían realizado la práctica de recordar el día hacia atrás, que es una de las prácticas oníricas de la tradición mexicana, y otros grandes artistas habían confirmado que habían soñado con sus creaciones antes de llevarlas a cabo en el mundo «real». Incluso Einstein había declarado que había soñado la teoría de la relatividad, mientras que los padres de la psicología, Freud y Jung, consideraban sus estudios del sueño de vital importancia.

En vista de todas estas evidencias, parece absurdo pensar que, a excepción de algunos pequeños grupos de iniciados, nos hayamos desconectado del mundo de los sueños; un mundo en el que, además, pasamos un tercio de nuestra vida.

Para los antiguos mexicanos, las prácticas oníricas constituían la base de las enseñanzas del poder. Siempre se enseñó que el yo soñador tenía poder sobre el despierto. El «nahualismo», palabra popularizada en todo el mundo por los libros de Carlos Castaneda, proviene de la palabra náhuatl *nahual*, que se refiere al cuerpo energético que usamos cuando dormimos y que usaremos cuando muramos, y esta a su vez proviene de la palabra náhuatl *nehua*, que significa 'yo'. Así, podemos traducir «nahualismo» más o menos como 'la ciencia del yo'. La parte de nosotros mismos que usamos cuando estamos despiertos, nuestra mente consciente, se conoce simplemente como «el que somos con la luz del sol».

Hace mucho tiempo que otras culturas, como los antiguos egipcios y los aborígenes australianos, y las tradiciones espirituales como el budismo y la cábala reconocieron la importancia del sueño. El poder de los sueños se consideraba la joya de su conocimiento místico.

¿Por qué? No puedo hablar por todas estas tradiciones, solo por la mexicana, pero puedo decir que esta se basa en una cosmología de trece cielos o dimensiones que nos llevan a una decimocuarta; el mundo de los sentidos, la realidad material.

Ya hemos hablado brevemente de los cielos. *En 2012-2021: El amanecer del Sexto Sol*, los describí todos en detalle, pero aquí quiero centrarme en el Séptimo Cielo, también llamado «el Cielo Blanco», el lugar donde vive el espíritu de la Luna y donde tienen lugar los sueños y las ensoñaciones.

Si saltamos desde ahí hacia todos los cielos que siguen, y que corresponden a estrellas, Soles y Lunas físicas, acabaremos llegando al mundo material. A través de esta cosmología comprenderemos que el sueño es el método más eficaz de creación, simplemente porque el mundo de los sueños está más cerca de la energía primordial de la creación que del mundo material. Si trabajamos ahí, nuestras creaciones se manifestarán en, al menos, la mitad del tiempo que podríamos prever, aunque si realmente nos esforzamos, se manifestarán casi de inmediato.

LA CIENCIA DEL SUEÑO

A continuación explicaré en pocas palabras lo que la ciencia conoce sobre el sueño en la actualidad. Cuando me enteré de esto, mucho tiempo después de iniciar mi camino como soñador tolteca, me llevé una grata sorpresa al descubrir correlaciones entre lo que se había establecido científicamente a finales del siglo xx y lo que se había transmitido en la antigua tradición del sueño.

Ciclos de sueño

Existen varios tipos o ciclos de sueño por los que pasamos cada noche.

El estado hipnagógico

En primer lugar está el estado en el que nos encontramos al quedarnos dormidos, el estado hipnagógico. Podemos utilizar este estado para sembrar sueños que mejoren nuestra vida, como explicaré más adelante.

Al quedarnos dormidos, pasamos por cuatro fases diferentes a medida que cambian nuestras ondas cerebrales dominantes. Nos sentimos pesados o agarrotados y, a continuación, entramos en la famosa parálisis del sueño, el estado que nos impide actuar mientras dormimos y lesionarnos. Después, nuestra temperatura desciende dos grados centígrados. Por eso nos arropamos para dormir. Por último, a medida que la parálisis del sueño se hace más profunda, nuestros músculos respiratorios se endurecen, ralentizando nuestra respiración y dando lugar a la clásica pauta respiratoria por la que reconocemos que alguien está dormido. Perdemos la conciencia según pasamos por estas cuatro fases y, finalmente, entramos en el estado Delta, llamado así por la onda cerebral predominante en este estado y que se conoce como «sueño profundo».

Sueño profundo

En el sueño profundo, nuestra conciencia simplemente contempla la llamada «oscuridad luminosa», las luces sin forma de nuestro ser interior. Estamos durmiendo sin soñar y es el momento en que nuestro cuerpo sana y nuestro cabello y uñas crecen. Los antiguos mexicanos llamaban a esto *Cochitzinco*, el lugar sagrado en el que dormir sin sueños.

Entre las enseñanzas sobre nahualismo reservadas para el Sexto Sol hay una técnica llamada «La Serpiente de Sangre», que también abordaremos más adelante. Se trata de ralentizar los ciclos de nuestro cuerpo para que avancemos por estos cuatro pasos hipnagógicos con lucidez, notando cada uno de ellos, y entremos en el estado Delta aún lúcidos. La ciencia llama a este estado «Delta despierto» y supone una gran oportunidad para conocer a la dama de la noche, la energía de la creación, que puede crear formas, por ejemplo lo que llamamos «El Ojo de Tezcatlipoca» y que también se conoce como «el ojo del alma», «el ojo de Horus» o «el tercer ojo». Si lo vemos, podemos utilizarlo para mirar en cualquier dirección que deseemos. Como está hecho de la energía creativa, podemos utilizarlo para vernos a nosotros mismos como deseamos estar: sanos, felices, etc.

Además, en el estado Delta podemos ver la verdadera naturaleza de nuestro espíritu, la mente antes que la materia, y así dejar de identificarnos con nuestra forma humana y desafiar los conceptos de la solidez que nos han enseñado.

El estado REM

Aproximadamente a los cuarenta o cuarenta y cinco minutos, nuestro ciclo de sueño cambia y entramos en la fase REM (movimiento ocular rápido). Cuando vemos el movimiento rápido de los ojos bajo los párpados cerrados sabemos que alguien está soñando. Este ciclo dura alrededor de quince minutos.

La secuencia de cuarenta y cinco minutos de sueño profundo y quince minutos de sueños se repetirá tres o cuatro veces, dependiendo de cuántas horas durmamos. Pero hacia la mitad ocurre otra cosa: el orden se invierte, de modo que tenemos ciclos REM de cuarenta y cinco minutos que terminan con quince minutos de sueño profundo y se alternan hasta que nos despertemos.

Por esta razón, las grandes tradiciones del mundo recomiendan que una forma de soñar con lucidez es «fragmentar la noche», lo que significa despertarse tres o cuatro horas después de haberse dormido y esperar de quince a veinte minutos para romper la pauta antes de volver a dormirse. La tradición tolteca aconseja realizar el ejercicio de «La Serpiente de Sangre», que consiste en ralentizar los ciclos corporales, pasar por las cuatro fases hipnagógicas de forma lúcida y quedarse dormido mientras se está lúcido. Esto genera ondas cerebrales Gamma, que son muy curativas.

El estado hipnopómpico

Otro ciclo de sueño con el que podemos trabajar para crear nuestro destino es cuando empezamos a despertarnos, lo que se llama «estado hipnopómpico». En este estado, al igual que en el hipnagógico, podemos sembrar sueños. También podemos repasar la noche, recapitulando lo ocurrido, lo que nos ayudará a recordar nuestros sueños.

RECORDAR LOS SUEÑOS

Este primer ejercicio te ayudará a recordar tus sueños. Recordar tus sueños es una preparación importante para el trabajo con los sueños.

- ❀ Cuando te despiertes por la mañana, antes de moverte, estando aún en estado hipnopómpico, repasa la noche hacia atrás.

- ❀ Empieza preguntándote a ti mismo: «¿Qué ha pasado? ¿Estaba soñando?».

- ❀ Es posible que al principio no recuerdes nada y que luego vuelvan los recuerdos. Cuando recuerdes algo, pregúntate qué ocurrió antes.

- ❀ Continúa así hasta que hayas recordado el máximo de ocho sueños de la noche.

- ❀ Luego puedes anotarlos, ya sea de forma verbal, en un diario de sueños o como prefieras.

Este proceso es muy útil, ya que demostrará a tu *nahual* que sus mensajes son importantes. Continúa y con el tiempo empezarás a notar cambios en tu forma de soñar y luego en tu forma de vida, y serás uno de los pioneros en utilizar la antigua ciencia del sueño, el tesoro que se guardó para esta época.

Como el Sexto Sol es un Sol de medianoche, se trata de un Sol en el que las prácticas oníricas toltecas pueden alcanzar un alto nivel de desarrollo y sofisticación. Ha llegado el momento de que maduren. En el Quinto Sol hemos creado un desequilibrio entre lo masculino y lo femenino tanto en el mundo de la vigilia como en el de los sueños. Las primeras horas de sueño profundo se consideran la parte femenina del sueño; y los sueños en el estado REM, la parte masculina. Si estás empezando como soñador con este libro, entonces ambos están desequilibrados y son deficientes en ti. Es hora de que todos sembremos nuevos sueños y devolvamos el equilibrio a las fuerzas de la creación.

La emoción me embarga mientras escribo. Siento que estoy cumpliendo los deseos del último gobernante de los aztecas y compartiendo su tesoro oculto con el mundo.

SEMBRAR SUEÑOS

¿Qué significa «sembrar sueños»? En pocas palabras, es hacer sugerencias oníricas a nuestra mente inconsciente mientras nos encontramos en estado hipnagógico o hipnopómpico para obtener un determinado resultado en el mundo de la vigilia. Esta es la forma más obvia de verlo.

Sin embargo, si miramos bajo la superficie, es la principal forma de fortalecer a la gente del Sexto Sol. Es decir, durante esta transición, nos fortalecemos a nosotros mismos.

Aprendí que los sueños seguían patrones antiguos. Se transmitían, al igual que los patrones familiares. La historia seguía siendo la misma, aunque las características podían adaptarse con el paso del tiempo. Si mi bisabuelo hubiera soñado que le perseguía un caballo, por ejemplo, yo soñaría que me perseguía un avión o un coche. Misma historia, distinto símbolo.

Sembrar sueños le dice a nuestra mente inconsciente, en un acto de poder absoluto, que ya no queremos soñar de la misma manera. Queremos nuevos símbolos, nuevos arquetipos, nuevas historias, nuevos resultados. Queremos soñar un nuevo sueño y vivir una nueva vida.

En la Antigüedad, esta práctica se llamaba *mexicatzin*. En mi segundo libro, *El secreto tolteca*, enseñé cómo sembrar sueños para conseguir salud, abundancia y crecimiento espiritual, pero ahora, en este momento crucial, te enseñaré a sembrar un sueño específicamente para alcanzar el fortalecimiento y el equilibrio en la transición al Sexto Sol y para la creación de una nueva era maravillosa.

La noche y la Luna

Como hemos aprendido antes, algunas de las fuerzas femeninas que se han denigrado en el mundo de la vigilia son la noche y la Luna. Pero se trata de algunas de las fuerzas femeninas más importantes que se utilizarán en los próximos años en la siembra de sueños, ya que la noche puede eliminar nuestros problemas y la Luna puede depararnos tanto la buena fortuna como desgracias.

En la tradición tolteca del nahualismo, nuestro cuerpo onírico, o *nahual*, se transforma en arquetipos, que pueden tomar la forma de animales, plantas y elementos. Estos parecerán ajenos a nosotros, pero en realidad son transformaciones de nuestro propio cuerpo onírico.

SEMBRAR UN SUEÑO
PARA EL SEXTO SOL

Cuando aprendemos a sembrar sueños, normalmente empezamos con los arquetipos animales. El que representa la noche es la pantera negra, y la Luna está representada por los ojos de la pantera completamente blancos, sin iris ni pupila, lo que significa que nuestra mente inconsciente puede captar la atención de nuestra mente consciente, y la energía que hay detrás de la Luna y de la noche dará vida a nuestros sueños.

Se producirán grandes cambios en nuestras vidas cuando encontremos arquetipos en nuestros sueños.

Este ejercicio debe realizarse por la noche antes de acostarnos, antes del estado hipnagógico.

⚜ Siéntate de manera cómoda en tu cama.

⚜ Los sueños se siembran por medio de cinco ciclos diferentes de respiración. Primero, para destruir la energía de los problemas que tienes en el mundo de la vigilia, cierra los ojos y gira la cabeza hacia la izquierda. Teniendo en cuenta lo que deseas destruir (puedes incluir varias cosas en una sola petición), inspira por la nariz y exhala por la boca trece veces, destruyendo con tu respiración toda la energía que dio vida a esos problemas.

❀ Ahora, sin abrir los ojos, vuelve la cabeza a la derecha para destruir los sueños que generaron estos problemas (aunque no los recuerdes) y los antiguos patrones que te llevaron a soñar así. Hazlo de la misma manera que antes, inspirando por la nariz y exhalando por la boca trece veces.

❀ El tercer paso es mirar hacia arriba, como si estuvieras contemplando el cosmos, que para los pueblos antiguos era el germen de todo. Y luego transforma cualquier energía cósmica o planetaria que esté generando estos problemas de la misma manera, inspirando por la nariz y exhalando por la boca trece veces.

❀ Mira hacia abajo, todavía con los ojos cerrados, e imagina que sobre los muslos tienes un cubo lleno de agua o un espejo de obsidiana en el que te reflejas. (Por ahora solo imagínalo, pero en uno de los cursos más avanzados que imparto por todo el mundo lo hacemos de verdad con agua o con un espejo.) El propósito de este ciclo de respiración es hacer desaparecer tu reflejo. Hazlo de la misma manera, inspirando por la nariz y exhalando por la boca trece veces.

❀ Ahora, ve desaparecer tu reflejo en el espejo imaginario y en su lugar visualiza una pantera negra con los ojos blancos, que representa la noche y la Luna. Tu mente consciente registrará esto como tu *nahual* o cuerpo onírico, que ahora cuenta con el poder y la amistad de la noche y de la Luna.

❀ Dirige de nuevo la vista al frente, sin abrir los ojos, y visualiza el reflejo de la pantera de ojos blancos subiendo hasta tu ombligo, que es el lugar en el que, según la antigua tradición, se encuentra nuestro cuerpo energético y desde el que despegamos hacia el Séptimo Cielo, el país de los sueños.

❀ El quinto ciclo de respiración consiste en inspirar por la nariz y llevar el aire a lo más profundo de los pulmones y después contraer los músculos alrededor del ombligo como lo harías en las sentadillas o abdominales, antes de exhalar.

❀ Repítelo doce veces y después, a la decimotercera, toma aire y contrae los músculos alrededor de tu ombligo como antes, y al exhalar, observa tu *nahual*, en forma de pantera con los ojos blancos, saliendo de tu ombligo para ir al país de los sueños.

❀ Acuéstate en la cama, listo para dormir, y dile mentalmente a tus pies, que son la parte de tu cuerpo que te lleva adonde quieres ir: «Llévame a soñar con la pantera de ojos blancos. Llévame a destruir mis problemas».

🌾 Nombra cada problema en tu mente y lo que quieres tener en su lugar y luego repítelo mientras visualizas a la pantera moviéndose hacia tu derecha, hacia la tierra de los sueños.

🌾 Continúa haciéndolo hasta que te quedes dormido. De esta manera, la fuerza de la noche y de la Luna estará activa en tu sueño y en tu mente inconsciente, destruyendo lo que no necesitas y creando nuevos patrones.

🌾 El siguiente paso consiste en intentar ser consciente del proceso de quedarte dormido mientras repites tus propuestas, pasando por las cuatro fases; sentirte pesado, sentirte agarrotado, sentir que tu temperatura baja y, por último, sentir que el ritmo de tu respiración cambia. Puede que te sorprendas de tus propios ronquidos y te des cuenta de que estás completamente lúcido con la mente de un antiguo soñador tolteca. Pero no pasa nada si te quedas dormido antes de eso, pues ya se han sembrado las semillas de la destrucción y de la creación.

Te sugiero que realices este ejercicio de siembra de sueños para el Sexto Sol, por lo menos, dos veces a la semana y que otros dos días hagas otros ejercicios, como los de las páginas siguientes. Así, dedicas cuatro noches a la semana a trabajar en el sueño y las otras tres a descansar. ¿Te parece justo?

LA SERPIENTE DE SANGRE

Este ejercicio te ayudará a conciliar el sueño de forma lúcida y a contactar con la dama de la noche. También debe realizarse durante el estado hipnagógico antes de dormir.

- Siéntate de manera cómoda en tu cama. Vas a realizar una serie de ejercicios de respiración que te ayudarán a sincronizarte con la Luna.

- Inspira por la nariz mientras cuentas mentalmente hasta siete y exhala por la boca, contando de nuevo hasta siete. El siete es el número que se sincroniza con la Luna, ya que cada fase de la Luna dura siete días. Haz esto siete veces, lo que te alineará con la luna menguante (no importa en qué fase de la Luna se encuentre en ese momento), y declara en tu mente lo que deseas eliminar de tu vida por medio de este ejercicio.

- Ahora, repite el ciclo de respiración, lo que te alineará con la luna nueva, y declara que crearás cosas que aún no conoces por medio de este ejercicio.

❀ Haz un tercer ciclo de respiración, que te alineará con la luna creciente, y piensa en las cosas que existen en tu vida y que deseas que crezcan y se desarrollen.

❀ Por último, haz un cuarto ciclo de respiración, que te alineará con la luna llena, y manifiesta que deseas alcanzar tu máximo potencial en la vida.

❀ Ya has realizado cuatro ciclos de siete, por lo que has llegado al número veintiocho, el número del ciclo lunar. Comienza a visualizar que tu sangre se convierte en una serpiente, el antiguo símbolo de la curación y la sabiduría. Observa cómo esta serpiente repta por tus venas y arterias, eliminando todo lo que ya no es útil, revitalizándote y dotándote de sabiduría.

❀ Acuéstate y sigue visualizando a La Serpiente de Sangre recorriendo tu cuerpo y curándote, y luego acógela en el corazón. Para los antiguos, el corazón era el punto de contacto entre el *tonal* y el *nahual*, el mundo de la vigilia y el mundo de los sueños. Mientras visualizas o sientes la serpiente en tu corazón, ordena que los latidos de tu corazón y todos los ciclos de tu cuerpo se ralenticen cada vez más, y cuando te sientas pesado, cuenta hasta uno.

❀ Vuelve a visualizar la serpiente en tu corazón, muévela más despacio y ordena que los latidos de tu co-

razón y todos los ciclos de tu cuerpo se ralenticen
cada vez más, y cuando te sientas más pesado, cuenta hasta tres. Si ahora te quedas dormido, deberías
ser capaz de hacerlo estando aún lúcido.

❀ Lleva de nuevo la serpiente a tu corazón y ordena
que sus latidos y todos los ciclos de tu cuerpo se ralenticen aún más, hasta que empieces a sentirte agarrotado. Ordénate a ti mismo entrar en la parálisis
del sueño. Cuenta hasta cuatro. Luego cinco y hasta
seis. Ahora empezarás a notar bastante rigidez en
los dedos de las manos y de los pies, y serás consciente del proceso de quedarte dormido.

❀ Lleva de nuevo la serpiente a tu corazón y ordena
que todo se ralentice aún más, hasta que empieces a
sentir un ligero cambio de temperatura. Si lo deseas, como sigues lúcido, puedes calentar zonas de
tu cuerpo si es necesario o imaginar una suave brisa
que te refresque. Cuenta hasta siete. Luego hasta
ocho y hasta nueve.

❀ Por último, a punto de quedarte dormido, lleva de
nuevo la serpiente a tu corazón y pide que todos los
ciclos de tu cuerpo se ralenticen todavía más para que
la parálisis del sueño sea más profunda. Ahora te diriges hacia el país de los sueños y puede que tengas
que realizar un gran esfuerzo para respirar de forma
pausada y profunda y permanecer lúcido, pero sigue
adelante. Sigue contando hasta que llegues a trece.

Entonces concéntrate en el sonido de tu respiración. Eso puede convencerte de que estás realmente dormido, aunque todavía lúcido, todavía consciente.

✸ Después de concentrarte en tu respiración, tan solo confirma que estás entrando lúcido en el estado Delta.

✸ Ahí, intenta acallar tu mente y entrar en un estado de meditación. Bizquear con los ojos cerrados y dirigirlos hacia la nariz suele ayudar. A continuación levanta la mirada hacia tu tercer ojo, en el centro de la frente. Puedes ver las luces en la oscuridad (que son de diferentes colores para cada persona), que significan la presencia de la dama de la noche y su poder creativo dentro de ti en el espacio donde no hay pensamientos.

✸ Entonces pueden ocurrir muchas cosas:

- Las luces pueden empezar a crear formas; la principal es la del ojo, que en la tradición tolteca se llama «El Ojo de Tezcatlipoca». Esto trae buena fortuna, así que si lo ves, deja la meditación por un instante y di con determinación: «Mírame siendo [como desees ser, por ejemplo, feliz]».

- En estas luces pueden aparecer dos ojos o rostros de animales o personas. Si los ves, son la materialización de tu doble energético, al que le dirás con determinación: «Suéñame siendo [como desees ser]».

- La silueta de la dama de la noche también puede manifestarse. Si es así, reafirma tu amistad con ella.

- Si de repente estas luces se vuelven claras, estás entrando en lo que los budistas llaman «luz clara» o tu verdadera «naturaleza de Buda», que también podría describirse como Quetzalcóatl o «Conciencia de Cristo».

- Si se oscurecen y ves una pequeña cuadrícula, estás viendo lo que los antiguos mexicanos llamaban «la telaraña del sueño colectivo». En otras tradiciones, esto es la «oscuridad luminosa» o «el campo cuántico». Es donde puedes decirle a la red cósmica lo que quieres crear.

- Cada vez que tu mente te aleje del estado de meditación, dirige de nuevo la mirada hacia tu nariz y luego hacia tu tercer ojo y mantén esa posición hasta que vuelvas a entrar en el estado de meditación. Pero no seas duro contigo mismo si no te quedas dormido; puede que ya hayas cambiado tu vida por completo al ponerte en contacto con la fuerza creativa primigenia que hay en tu interior.

Te recomiendo que hagas este ejercicio una vez a la semana. Potenciará el lado femenino de tus sueños.

Sueños floridos

La forma de potenciar el lado masculino de nuestros sueños es dormirse y soñar con lucidez. Los antiguos toltecas llamaban al sueño lúcido «sueño florido». Sin embargo, volverse lúcido es solo el principio. Después de eso entramos en lo que se conoce científicamente como «superlucidez» y empezamos a movernos por nuestro sueño a voluntad con determinación y con un propósito.

Como ya se ha dicho, el momento adecuado para soñar es la segunda mitad de la noche, después de haber dormido tres o cuatro horas.

TENER SUEÑOS FLORIDOS

Para este ejercicio no tienes que sembrar un sueño en el estado hipnagógico ni visitar la oscuridad luminosa, tan solo dormirte de forma normal. Lo que sí tienes que hacer es despertarte después de tres o cuatro horas. Lo que hago cuando quiero hacer esto es beber grandes cantidades de agua antes de dormir. Así me aseguro de levantarme para ir al baño.

🌸 Cuando te despiertes, ten cuidado con volver a dormirte de inmediato. Espera un tiempo razonable, de quince a veinte minutos.

🌸 Realiza de nuevo el ejercicio de «La Serpiente de Sangre» (ver página 118), contando hasta trece y pasando por las cuatro etapas para quedarse dormido estando aún consciente.

🌸 Esta vez, en lugar de entrar en el estado Delta, el lugar sagrado para dormir sin soñar, quieres entrar en el estado Gamma y soñar. De nuevo, con los ojos cerrados, dirige la mirada hacia tu nariz, luego hacia arriba, a tu tercer ojo, y a continuación relaja los ojos por completo. Al final empezarán a moverse a causa de los impulsos eléctricos y entrarás en el estado REM y podrás comenzar a crear tus sueños.

¿Qué deberías soñar? Puedo darte algunas recomendaciones, como por ejemplo hacer que la pantera de ojos blancos persiga y destruya tus problemas. El arquetipo onírico de la destrucción es el Fuego. Por lo tanto, si creas representaciones de enfermedades o de problemas, quémalas. El arquetipo de la purificación es la lluvia, así que si hay personas o situaciones que te preocupan, haz que llueva sobre ellas. Deja que los vientos beneficiosos soplen en tus sueños: el Viento Rojo purifica; el Viento Azul elimina las espinas de tu camino; el Viento Amarillo trae todo aquello que necesitas en la vida. Las flores significan la manifestación de la belleza en tu vida y de lo que deseas. En mi libro *El secreto tolteca*, puedes encontrar otros arquetipos oníricos que puedes utilizar en tus sueños lúcidos.

También puedes hacer cosas que son imposibles en el mundo de la vigilia, como volar, respirar bajo el agua o atravesar paredes. Cuando hagas estas cosas, estarás aferrándote menos a la idea de que el mundo es sólido. Para el cuerpo onírico o el hemisferio derecho del cerebro, los límites del mundo de la vigilia no existen.

Procura tener sueños lúcidos al menos una vez a la semana para mantener tu vida en orden y abrirte a lo que consideras imposible.

Capítulo 8

ARMONIZA CON LA MADRE TIERRA

Si has prestado atención, te darás cuenta de que hemos estado viajando por los cielos. Empezamos con la madre cósmica en el Decimotercer Cielo, pasamos por el mundo de los sueños en el séptimo y ahora hemos llegado al decimocuarto, que en realidad no se considera un Cielo, porque es donde estamos ahora, en la Madre Tierra, en el mundo de la materia.

Hasta ahora, es innegable que la gran mayoría de las personas han maltratado la Tierra. Aunque es un ecosistema vivo, se le ha tratado como mero telón de fondo de nuestros dramas personales. Dicho esto, estoy en total desacuerdo con las opiniones arrogantes de las personas que afirman que estamos destruyendo la Tierra. Para empezar, si algo no existe en el sueño de la Tierra, no puede tener lugar sin su consentimiento. Como ser consciente, la Tierra tiene la capacidad de decidir lo que ocurre aquí de acuerdo con las matemáticas cósmicas del universo. Y ahora se está trasladando a un punto diferente de ese universo, lo que implica que se llevará con ella a los que quieran unirse a ella y dejará atrás a los que decidan quedarse donde están.

En náhuatl, a la Tierra se la conoce como Tlalli Tonantzin Coatlicue. Lo menciono aquí porque debemos entenderla tal y como lo hacían los antiguos toltecas. Tlalli es la tierra preparada para la siembra, es decir, húmeda y fértil. Tonantzin es nuestra venerable madre, y es importante porque, al igual que la madre cósmica, puede dar vida o quitarla a todo lo que existe en su cuerpo. Por lo tanto, es hora de reconocer que la Tierra tiene el control y que, en realidad, es la humanidad la que tiene el problema.

Todas las crónicas antiguas indican que el Quinto Sol terminará con terremotos, que habrá mucho sufrimiento y dolor, y que el mundo entero perecerá, aunque esto no se refiere a la muerte, sino al cambio. Los que decidan quedarse aquí y pasar al siguiente Sol necesitarán la aprobación de la Madre Tierra para poder hacerlo. Ella realizará una limpieza de muchas maneras diferentes. Ya ha comenzado. La prueba está en la pandemia del coronavirus, la posibilidad de otras posteriores, el colapso económico, el reciente terremoto en Ciudad de México y la probabilidad, cada vez mayor, de que estalle una guerra dirigida a la destrucción del viejo orden y al establecimiento de uno nuevo.

Para sobrevivir, no como especie, sino simplemente como seres humanos que quieren llegar al Fuego Nuevo de 2026, debemos dejar de mirar a la Tierra como si fuera un hotel y empezar a reconocerla como una sacrificada madre que tiene paciencia con quienes la habitan, pero que también tiene el potencial de crear y de destruir. En el momento en que tenga que eliminar lo que no sea necesario, lo hará sin vacilar.

LAS ENERGÍAS DUALES DE LA TIERRA

Para los antiguos mexicanos, la Tierra tenía dos nombres y cualidades importantes, que voy a describir en náhuatl, ya que la lengua conserva la esencia de lo que se describe. Sin embargo, no es necesario que recordemos estas palabras durante nuestras prácticas.

El primer nombre, Tlazolteotl, se refiere a *tlazolteotl*, 'la energía que se lleva todo lo que es viejo e inútil y lo recicla'.

El segundo nombre, Tlazohteotl, se refiere a *tlazohteotl*, 'la preciosa esencia que da vida a todo'. En nuestro limitado lenguaje moderno, esto podría ser lo que entendemos como «amor».

Estas dos polaridades siempre han existido de manera simultánea en la Tierra y se conocen como la vida y la muerte. Cuando el *tlazolteotl* actúa, es capaz de crear desde una pequeña enfermedad o un pequeño accidente hasta un tsunami para llevarse a las personas cuya vibración no tiene un propósito evolutivo aquí. La otra esencia, *tlazohteotl*, está siempre creando, siempre dando vida. Sin embargo, crea incluso aquello que consideramos malo y ayuda a la gente a crear eso también.

Ahora voy a revelar por primera vez la forma en que estas energías trabajan juntas. He de señalar que no estoy seguro del método de medición que utiliza la Tierra, pero sé que sin duda está asociado a la gravedad. La Tierra es lo bastante sabia como para pesar la cantidad de energía pesada que hay en nosotros. La energía pesada puede acumularse en nuestro lado izquierdo, desde el estado de vigilia *tonal*, o en el derecho, desde nuestros sueños y ancestros. Ambas se medirán y aquellos que porten una mayor cantidad de energía pesada en su lado derecho, correspondiente a *tlazolteotl*, y por lo tanto tengan un sinfín de cosas de las que no se hayan liberado, se distinguirán de aquellos que porten una mayor cantidad de energía pesada en su lado izquierdo, correspondiente a *tlazohteotl*, y estén siempre dispuestos a ayudar a los demás.

Recordemos que esto es similar a la mitología egipcia, según la cual el corazón de un individuo fallecido se pesaba con una pluma para determinar si podía o no trascender a la otra vida.

Este es el proceso que la Tierra está llevando a cabo en la actualidad; está pesando nuestra energía para determinar si nos quedamos aquí o no durante este cambio. La fase más importante de este período de medición comenzará con el eclipse de mayo de 2021 y se prolongará hasta el Fuego Nuevo de 2026, momento en el que se determinará quiénes seguirán adelante con el Nuevo Sol y quiénes partirán.

La mayoría de las personas nunca sabrán que este proceso está teniendo lugar, ya que experimentarán una sincronización de eventos en apariencia aleatoria. Los que somos conscientes de ello podemos optar por reconciliarnos con la Tierra, conectar con ella, honrarla y avanzar con ella hacia el Sexto Sol como seres generosos, prósperos y evolucionados.

En un sentido físico, son nuestras piernas y pies los que constituyen nuestra conexión con la Tierra, y si observamos las antiguas esculturas mexicanas que representan a la Madre Tierra, veremos que la mayoría tiene adelantado uno de los dos pies. Esto también es evidente en las estatuas egipcias de la diosa Sejmet, que, de forma dualista similar, otorgaba al faraón o bien abundancia y buena fortuna o bien pestilencia y problemas.

En la tradición mexicana, dado que nuestras piernas y pies son nuestra conexión con la Tierra y también representan nuestros inframundos, estas son las partes de nuestro cuerpo que tenemos que mover para hacer cambios en nuestra vida, forjar nuevas relaciones y comunicarnos con la Madre Tierra. Para conectar con su energía *tlazolteotl*, la energía que se lleva todo lo que ya no necesitamos, solo tenemos que poner la pierna derecha delante de la izquierda. Esto indica la forma en que fluye la energía, pero aún tendremos que indicar con la mano de dónde eliminar la energía pesada.

Para entender esto, estudiaremos de forma breve los antiguos *totonalcayos* toltecas o chakras.

Los totonalcayos

Hay siete *totonalcayos* o centros de energía:

1. *Colotl*, 'escorpión'; color: negro; situado en el coxis. Es ahí donde residen todos nuestros patrones destructivos personales y ancestrales.

2. *Ihuitl*, 'pluma'; colores: rojo y blanco; situado en la zona genital. Ahí se acumulan todos nuestros patrones sexuales y todas nuestras creaciones pesadas. Nuestras creaciones deben ser tan ligeras como una pluma para que nuestra energía Quetzalcóatl, el equivalente mexicano a la *kundalini*, pueda desplazarse hacia arriba.

3. *Pantli*, 'bandera'; color: blanco; situado en el ombligo. Una bandera es el símbolo del número veinte. Hay veinte glifos en el calendario y el glifo del día en que nacemos, junto con un número del uno al trece, decide nuestro destino en la vida. Así pues, este centro determina si nuestro camino a la fortuna está abierto o cerrado. Cuando está bloqueado, no podemos recibir ni abundancia ni cuidados maternos. Pero podemos trabajar con él para transmutar la vibración de nuestro nacimiento y convertir los retos en oportunidades.

4. *Xochitl*, 'flor'; color: rojo; situado en el pecho, justo detrás del timo. Para los antiguos toltecas, el florecimiento significaba la iluminación, el esclarecimiento. Según ellos, todo lo que se manifestaba de forma bella, sin sufrimiento, florecía. Así que podemos trabajar con este centro para vivir nuestra mejor vida, la más bella. También es el centro encargado de regular el sistema inmunológico.

5. *Topilli*, 'cetro'; color: azul; situado en la garganta. Es el centro de la autoestima, el poder y la arrogan-

cia, el lugar donde podemos decir palabras mezquinas o sabias que expresan el verdadero poder.

6. *Chalchiuhuitl*, 'jade'; color: verde; situado en la frente, el lugar donde viven las cuatro Aguas. Como recordarás, el Agua que no cae, o la sequía, nos enseña lo que nos falta. El Agua en forma de granizo destruye y crea nuestros patrones destructivos. El Agua que se desborda representa todos los excesos de nuestra vida que nos perjudican. Por último, el Agua que cae en forma de lluvia hace que las cosas crezcan de forma equilibrada.

7. *Tecpatl*, 'cuchillo de sílex'; colores: rojo y negro; situado en la coronilla. Aquí se encuentra la influencia de los Soles anteriores, que determina la cantidad de energía pesada que llevamos y dónde, lo que a su vez determinará si nos quedamos en este planeta y entramos en el Sexto Sol o no.

CONECTAR CON LAS ENERGÍAS DUALES DE LA TIERRA

Realiza este ejercicio con frecuencia a la misma hora del día, que puede ser cualquier momento, siempre que sea de día.

- Encuentra un lugar donde te sientas en paz: un parque, tu casa, etc.

- Inspira por la nariz, contando mentalmente hasta siete, y exhala por la boca, contando de nuevo hasta siete.

- Una vez que hayas terminado, da un paso hacia delante con la pierna derecha para que puedas acceder al *tlazolteotl*, la energía de la Tierra que se lleva todo lo que ya no sirve y lo recicla.

- Piensa en lo que quieres expulsar de tu vida y en cuál de los centros energéticos se encuentra. Si tienes problemas en todos ellos, puedes repetir el proceso para cada uno de ellos. Si no es el caso, repite el proceso para, al menos, los cuatro primeros centros y para el séptimo, el del cuchillo de sílex, que es imprescindible.

❀ Mientras trabajas con el lado derecho, cierra ahora el puño derecho. Según la antigua cosmología, cada uno de nuestros dedos está relacionado con una fase de la Luna: la luna negra con el pulgar, la luna nueva con el meñique, la luna menguante con el dedo anular, la luna llena con el dedo corazón y la luna creciente con el índice. Así, al cerrar el puño, concentras el poder de las cinco fases lunares como catalizadores del cambio.

❀ Si decides empezar por el coxis, pon tu puño en este punto mientras en tu mente ofreces a Tlazolteotl todas tus pautas personales y familiares que ya no son útiles. Luego di: «Acepto que tomes mi ofrenda». Sentirás literalmente que la energía desciende por tus piernas, como si fueran dos pesados troncos de árbol que se enraízan en la tierra. Inspira, exhala y suéltalo todo.

❀ Una vez sientas que estás listo, puedes colocar el puño en la zona genital y ofrecer todas tus pautas sexuales negativas y tus «creaciones pesadas», aunque este es un paso opcional. Di: «Acepto que tomes mi ofrenda». Inspira y exhala hasta que sientas una purificación total que baja por tus piernas hasta tus raíces.

❀ Ahora, coloca el puño en el centro de tu ombligo y ofrece todos los problemas que tengas con tu madre, con las infecciones y con las finanzas, para que el cordón umbilical se abra de nuevo y puedas recibir cuidados y abundancia. Una vez más, di: «Acepto que tomes mi ofrenda». Inspira y exhala hasta que sientas una purificación total que desciende por tus piernas hasta tus raíces.

❀ Continúa colocando el puño en tus centros de energía (el pecho también es opcional) y enviando toda tu energía pesada hacia abajo para que la Tierra la absorba y recicle durante el cambio al siguiente Sol.

❀ Da igual lo que hayas estado expulsando, el último paso es fundamental, ya que la profecía habla de un grupo de personas más conscientes y evolucionadas. Por lo tanto, con el puño en tu chakra de la corona, expulsa todos los problemas a los que tú y la especie humana os estáis enfrentando ahora a consecuencia del legado de los Soles anteriores, para que tanto tú como la humanidad podáis hacer el cambio al próximo Sol habiendo resuelto todos los problemas restantes de los anteriores.

❀ Una vez que hayas completado el proceso con la pierna derecha hacia delante, junta ambas piernas, equilibrando los poderes de creación y destrucción.

❀ A continuación, da un paso hacia delante con la pierna izquierda, para poder acceder a la preciosa energía de la Tierra que da vida y felicidad. Repite el proceso anterior con todos los centros que consideres necesarios, pero esta vez, coloca el puño izquierdo en la zona correspondiente, y en lugar de pedir a la Tierra que elimine lo que no quieres, pide lo que sí quieres. Por ejemplo, si te diriges a la zona sexual, podrías pedir tener disciplina, fuerza de voluntad y capacidad de aceptar el cambio. Pídele a *Tlazohteotl* que haga que esta energía ascienda por tus piernas y que llene tus genitales con ella.

❀ En tu ombligo, pide abundancia y cuidados a la Madre Tierra.

❀ En tu pecho, pide que tu vida prospere.

❀ En tu frente, pide la lluvia que hace que todo florezca de forma hermosa.

❀ Cuando llegues al último centro, la corona, pide la energía del Sexto Sol, la energía de alguien que ha escapado de las ilusiones de género, de raza y de otras diferencias en su vida y en su energía y que está viendo la mente en lugar de la materia en todos y en todo.

❀ Cuando hayas terminado, vuelve a juntar las piernas, junta también las manos y di: «*Ometeotl*, que mis dos polaridades se alineen de forma armoniosa con la energía del Nuevo Sol».

Haz este ejercicio una o dos veces por semana, dependiendo de tus necesidades, pero créeme cuando te digo que una persona que tiene raíces en la tierra está protegida por ella. Y la tierra les allanará el camino, porque esas raíces son el principio del florecimiento de la iluminación.

Casi hemos completado nuestros preparativos básicos para el Nuevo Sol. Por supuesto, hay mucho más que decir, pero si has llegado hasta aquí, habrás dejado de vivir en el pasado y estarás en armonía con el futuro.

Lo único que queda por considerar son los cuatro elementos: Fuego, Tierra, Agua y Viento. Ya los hemos mencionado de manera breve en otra parte, pero ahora los examinaremos más de cerca.

LOS CUATRO ELEMENTOS

En la antigua tradición mexicana, existen de hecho cuatro Fuegos, cuatro Tierras, cuatro Aguas y cuatro Vientos, todos ellos presentes en muchas otras tradiciones de todo el mundo.

Los cuatro Fuegos

Comenzaremos con los Fuegos, ya que son la fuerza detrás de nuestro sistema inmunológico, la parte de nuestro cuerpo que se ha visto más comprometida en la primera fase de esta transición.

Como recordarás, los elementos tienen género. Tres de los Fuegos son masculinos y uno es femenino.

Los cuatro Fuegos son:

1. **El Fuego Joven** *(Xiuhtecuhttli)*: Es el Fuego sálvaje que arde con furia, se propaga y termina consumiendo hectáreas y hectáreas. Es el Fuego que está

detrás de nuestra vitalidad, de nuestra fuerza. Este fuego, que también es el Fuego de la guerra, estimula nuestro sistema inmunológico para que destruya los virus, las bacterias y el cáncer.

2. **El Fuego Femenino** *(Chantico)*: Se considera el Fuego del hogar, el que cocina con amor, mantiene el hogar cálido y aporta el calor de la ternura. Nuestro sistema inmunológico necesita con urgencia este Fuego para actualizar su vibración y hacer de la Tierra un lugar donde nos sintamos como en casa sin necesidad de luchar.

3. **El Fuego Antiguo, el Fuego del Conocimiento** *(Huehueteotl)*: Es el Fuego sabio que los dioses dieron a la humanidad según muchas culturas. Es el que ilumina el incierto camino a través del inframundo de completa oscuridad y nos permite ver el camino a seguir.

4. **El Fuego Solar** *(Tzontemoc)*: Se asocia a un gran éxito en cualquier ámbito al que lo llevemos.

CREAR UN SISTEMA INMUNITARIO FUERTE

Este ejercicio te ayudará a crear un sistema inmunológico que trabaje con los cuatro Fuegos, como siempre debió hacer. Haz este ejercicio a la luz del día; lo mejor sería al mediodía, para beneficiarte de la fuerza del Sol.

El lado derecho de nuestro cuerpo corresponde a lo masculino y el izquierdo, a lo femenino. Por lo tanto, las fuerzas masculinas se convocan con la mano derecha y las femeninas, con la izquierda.

- Siéntate de forma cómoda en un lugar agradable, a ser posible al aire libre y al Sol o en un lugar en el que la luz del Sol entre por una ventana.

- Inspira por la nariz mientras cuentas hasta trece, después exhala por la boca mientras cuentas hasta trece, ya que es el número que representa al Sol y al Fuego. Repítelo trece veces.

- Una vez que hayas terminado, haz cuatro ofrendas de la siguiente manera:

- Extiende la mano derecha, con la palma hacia arriba, y sopla en la palma, ofreciendo tu buena energía.

- Ofrece tus buenos sueños de la misma manera.

- Después, los sentimientos.

- A continuación, las obras.

❀ Cuando hayas terminado, invoca al Fuego, diciendo cuatro veces «Fuego Joven, *xihualhui*» y extendiendo la mano derecha.

❀ Sentirás que llega la energía, el espíritu de este Fuego; la mente antes que la materia, como siempre. Cuando lo sientas, cierra el puño, llévalo a tu glándula del timo y potencia tu sistema inmunológico con él para que tenga la fuerza de luchar contra los virus, las bacterias y las células cancerosas, y se vuelva invencible.

❀ Cuando sientas que lo has cargado lo suficiente, cambia a la mano izquierda y realiza las mismas cuatro ofrendas al Fuego Femenino, *Chantico*.

❀ Invita a que se acerque a ti diciendo cuatro veces: «Fuego Femenino, *xihualhui*» y extendiendo la mano izquierda.

❀ Permite que llegue el espíritu de este Fuego. Cuando te llenes de su amor y de su ternura, cierra el puño, llévalo a tu timo y eleva la vibración de tu sistema inmunológico. Has de saber que con este amor, la mente no puede atacarse a sí misma y no tiene necesidad de luchar, y las vibraciones de los virus, las bacterias y las personas responderán de forma adecuada a esta vibración de amor. Otra opción es llevar el puño directamente al corazón para aportar esta preciosa esencia a todas tus relaciones.

❀ Realiza a continuación tus cuatro ofrendas al Fuego Antiguo con la mano derecha y luego invítalo a que venga a ti igual que antes.

❀ Cuando llegue tu espíritu, cierra el puño y llévalo también al timo para que llene tu cuerpo de sabiduría y te permita abrirse en medio de las pandemias y los altibajos de la vida de una forma equilibrada y sabia.

❀ Por último, sostenlo ante ti para que ilumine el camino que ahora está en la oscuridad y te muestre cómo llegar al Nuevo Sol de la mejor manera.

EL FUEGO SOLAR

El cuarto Fuego, el Fuego Solar, funciona de forma diferente. Así que realiza este ejercicio entre el amanecer y el mediodía para atraer la energía del Sol.

- Consiste solo en mirar al Sol, ya sea a través de una ventana o de forma directa. Si tienes tiempo, muéstrate ante él como lo hiciste con la dama de la noche (ver páginas 92 y 118).

- Empieza a absorber la energía del Sol —bebiendo lo sagrado, como decían los antiguos toltecas— como si la estuvieras fumando; aspírala, trágala, llévala a tu timo para que comience a brillar y después exhala el aire, manteniendo el Fuego Solar dentro de ti. Repítelo trece veces.

Te aseguro que con estos ejercicios tendrás un sistema inmunológico fuerte, preparado para lo que venga. Otro de los tesoros aztecas guardados para este momento.

Los cuatro Vientos

Tres de los Vientos son también masculinos y uno es femenino. Luego las Tierras y las Aguas son casi totalmente femeninas, equilibrando el sistema elemental.

Los Vientos son:

- El Viento Negro del Norte, que es el que trae la desgracia y ha estado bastante ocupado en los últimos tiempos.

- Debido a la desgracia, su influencia anula la del Viento Azul del Sur, que despeja de espinas nuestro camino.

- Y minimiza la influencia del Viento Amarillo del Este, que trae buena fortuna.

- Por lo tanto, nuestra esperanza reside en el Viento Rojo del Oeste, el femenino, que purifica.

TRABAJAR CON EL VIENTO ROJO

La forma de trabajar con el Viento Rojo es bastante sencilla. Haz este ejercicio una vez a la semana para purificarte.

- ❋ Inspira por la nariz mientras cuentas hasta nueve y luego exhala por la boca contando hasta nueve. El nueve es el número de los Vientos, además del de la noche.

- ❋ Haz cuatro ofrendas al Viento Femenino, el Viento Rojo del Oeste, con la mano izquierda.

- ❋ Invítalo a venir diciendo cuatro veces: «Viento Femenino, *xihualhui*».

- ❋ Cuando lo sientas llegar, llévalo a tu cabeza para limpiar tus pensamientos y tus experiencias del corazón y del alma, luego envíalo a tu hígado para purificarte de enfermedades y problemas, y por último deja que se asiente un momento en tu ombligo para ayudar a que tus sueños se hagan realidad.

❀ A continuación, dirígelo a tu casa. Visualízalo limpiando la cocina y los baños, potenciando la salud de las personas que viven allí. Después llévalo al comedor, que es la zona donde disfrutamos de los beneficios de nuestra vida laboral, luego al salón, que compartimos con nuestros amigos y parejas, y a nuestro dormitorio y a las habitaciones de los demás miembros de nuestra familia. Despejará la casa y créeme cuando te dijo que después, cuando lo llames, volverá por una ventana sin que te des cuenta.

❀ Si aún no estás cansado, llévalo por tu barrio, especialmente por las zonas donde sabes que hay problemas, ya que la vibración femenina puede encargarse de cualquier desorden que podamos causar.

CONCLUSIÓN: HOY Y MAÑANA

A pesar de toda la información que he presentado aquí y de todos los retos a los que nos enfrentamos, todavía hay esperanza.

En primer lugar, quiero subrayar una vez más que para muchas tradiciones, como el yoga del sueño, el nahualismo y la Cábala, el sueño es la joya de la corona que había que redescubrir. Me parece mágico que este redescubrimiento esté ocurriendo de verdad, tal y como se profetizó, y sobre todo que yo esté siendo testigo de ello. Me tranquiliza saber que hay una inteligencia, expresada en ciclos y matemáticas, detrás de lo que llamamos «universo».

Todos los practicantes actuales de la tradición tolteca, la Toltequidad, deben de estar abrazando este cambio, ya que hemos tenido que esperar quinientos años para el regreso de esta sabiduría. Y ahora, al presenciar que se cumplen las profecías, podemos estar absolutamente convencidos de su veracidad y exactitud.

Al vivir en un mundo que cuenta con la tecnología que nos permitirá documentar en gran profundidad estos tiempos, no puedo evitar sentir curiosidad por lo que se añadirá a la tradición oral para describir el cambio actual, sobre todo porque sabemos que no solo se ha hecho una crónica de la transformación del Sol a lo largo de la historia, sino también de las fortalezas y debilidades de las personas de la época.

Siento gran curiosidad por saber cómo nos afectará el retorno de las fuerzas femeninas a nivel social, político y económico. Estoy seguro de que se creará una sociedad más igualitaria, incluso matriarcal.

Además, ver todos estos cambios ha hecho que tenga la absoluta certeza de que estoy siguiendo el ritmo del universo. Me siento privilegiado por estar aquí ahora y, al mismo tiempo, sorprendido porque los toltecas y los aztecas fueran capaces de leer lo que estaba escrito en el cosmos hace tanto tiempo.

El Sol que viene es un momento de gran oportunidad para el crecimiento espiritual a nivel personal, sobre todo en comparación con los Soles anteriores. Su nombre y número indican el regreso de los Tezcatlipocas blancos, los Quequetzalcóatl, los del preciado conocimiento. Aunque suene vano, ¿por qué no pensar que podemos ser el inicio del cumplimiento de esa profecía?

Aunque faltan 6.625 años para que esto ocurra, comenzaremos ahora con un ejercicio para hacer surgir la sabiduría de Quetzalcóatl.

XAYAXOLOHTLI, LA MÁSCARA DE XOLOTL

Xolotl es el *nahual* de Quetzalcóatl, un perro negro que se encarga de llevarnos al inframundo.

Si haces este ejercicio al mediodía, la hora de Quetzalcóatl, estarás sentando las bases para tu propio Quetzalcóatl, tu propia iluminación. Si no llegas hasta aquí, estarás creando las bases para que otros lo logren por el bien del planeta.

❁ Siéntate en un lugar cómodo, preferiblemente orientado hacia el Este.

❁ Inspira por la nariz, llenando los pulmones hasta su máxima capacidad. Mantén la respiración e imagínate llevando la energía hacia arriba a través de tus *totonalcayos*, desde el coxis hasta la frente, en un movimiento serpenteante. Debes saber que, a medida que la serpiente asciende, todo lo que estos centros representan se está moviendo y te está ayudando a alcanzar la iluminación.

- Una vez que llegues a la coronilla, gira a la izquierda y elimina todos los patrones de energía negativa, los Viejos Vientos, que se han acumulado allí.

- Repite este proceso doce, veinticinco, treinta y ocho o cincuenta y una veces, dependiendo de la intensidad que quieras darle a este ejercicio.

- La última vez, repite como antes hasta llegar a la coronilla. Entonces, sopla la energía con todas tus fuerzas, permitiendo que salga disparada por tu cabeza en forma de serpiente. Esta se transformará en un águila, que se elevará en el vuelo, surcando los Vientos, superando la dualidad y las nubes y liberándote de toda tu negatividad, hasta que vuele mucho más allá de la Luna, rompiendo la prisión de la Luna, y alcance por fin un Sol blanco. Una vez allí, recibirás la guía del Sol en este nuevo ciclo.

- Junta las manos y di: «*Ometeotl*», y pide el regreso del Quequetzalcóatl a la Tierra. Luego vuelve a decir: «*Ometeotl*».

- Al final, cuenta hasta cuatro y vuelve adonde estás.

Vivimos tiempos interesantes. Tiempos de despertar, de revelaciones. Os dejo con un último recuerdo de las palabras del joven Cuauhtémoc: «Esconder nuestro tesoro. Pasadlo de madres a hijas, de padres a hijos, de maestros a alumnos. Guardadlo bien, porque se necesitará con la llegada del Sexto Sol».

Que prevalezca la gloria y la fama de Tenochtitlán, la ciudad más majestuosa de nuestro tiempo, donde soplan los fuertes Vientos.

SOBRE EL AUTOR

Sergio Magaña (Ocelocoyotl) es un conocido practicante y maestro del linaje tolteca o toltecayotl de Mesoamérica. La tradición comenzó con los antiguos chichimecas, que transmitieron sus conocimientos a los teotihuacanos y después a los toltecas, que a su vez enseñaron a los mayas y los aztecas. Sergio también está formado en el linaje Tol del nahualismo, el conocimiento de los sueños que se ha transmitido en la tradición oral de maestro a alumno durante 1.460 años de manera ininterrumpida. Este es el momento de revelar estas enseñanzas y Sergio es uno de los pocos portavoces a los que se les ha pedido que compartan con el mundo esta antigua sabiduría oculta.

Sergio es el fundador del Centro Energético Integral y presentador del programa de radio El Sexto Sol, que se emite en México desde hace catorce años. Habla castellano e inglés con fluidez y ha estudiado el poder místico de la lengua náhuatl durante años. Sergio es coautor del libro *Transforming through 2012* y autor de *El secreto tolteca* y *Cuevas de poder*, traducidos a numerosos idiomas.

Sergio viaja mucho y tiene una comunidad de más de 50.000 alumnos en México, Estados Unidos, Italia, Países Bajos, Suecia, Hungría, Canadá, España y Reino Unido. Vive en Ciudad de México y Londres.

Ecosistema digital

Floqq

Complementa tu lectura con un curso o webinar y sigue aprendiendo.
Floqq.com

Amabook

Accede a la compra de todas nuestras novedades en diferentes formatos: papel, digital, audiolibro y/o suscripción.
www.amabook.com

Redes sociales

Sigue toda nuestra actividad. Facebook, Twitter, YouTube, Instagram.

EDICIONES URANO